Axel Klingenberg

Schmorwurst am Brocken

Das Harz-Buch

Edition The Punchliner

Axel Klingenberg
Schmorwurst am Brocken
Das Harz-Buch

Umschlaggestaltung von Karsten Weyershausen
Satz/Layout: Andreas Reiffer
Lektorat: Antje Kämpfe
Korrekturen: Max Lüthke

1. Auflage, 2014, Originalausgabe
© Verlag Andreas Reiffer, 2014

Druck und Weiterverarbeitung: CPI books, Leck

ISBN 978-3-934896-69-7

Verlag Andreas Reiffer, Hauptstr. 16 b, D-38527 Meine
www.verlag-reiffer.de
www.facebook.com/verlagreiffer

Für meine Mutter,
die erst mir und dann meinen Kindern
Hexen aus dem Harz mitbrachte.

Ich danke Antje Kämpfe für ihre Unterstützung und für
das Zusammenleben mit ihr sowie Andreas Reiffer für die
Zusammenarbeit und die jahrzehntelange Freundschaft. Und
den Mitarbeiterinnen und Mitarbeitern der Stadtbibliothek
Braunschweig für ihre großartige Arbeit.

Inhalt

verteufelt schön

Der Brocken ist ja so etwas wie der Hausberg der ostfälischen Doppelmetropole Braunschweig-Wolfenbüttel. Weil man ihn von hier aus sehen kann. Und weil es in der näheren Umgebung keine andere Erhöhung gibt, die der Klassifikation »Berg« auch nur annähernd gerecht wird. Auch der im Braunschweiger Stadtgebiet liegende Nussberg ist eher ein kläglicher Hügel, der zudem in der Mitte eine große Kuhle hat. Gut, es gibt natürlich noch die Höhenzüge Elm und Asse, die man allerdings im Grunde betrachtet – und geologisch halbwegs fundiert – auch nur als Ausläufer des »finstere(n) Harz(es)« (Joseph von Eichendorff) beziehungsweise des »lieben Harz(es)« (Joseph von Eichendorff) ansehen kann.

Immerhin ist der Harz, das »dunkle Gebirge« (mal wieder Joseph von Eichendorff), eines der wichtigsten Naherholungsgebiete von uns Braunschweigern, was keineswegs nur daran liegt, dass die Alternativen (im Norden die karge Heide, im Osten die Börde-Bürde und im Westen das ungeliebte Hannover) nicht so toll sind. Im Gegenteil: Der Harz ist das größte und höchste Mittelgebirge Norddeutschlands – und das schönste. Die Wälder, Berge und Städtchen sind wander- und wintertouristisch bestens erschlossen, sodass dieses gebieterische Gebiet zu den meistbesuchten Regionen Europas zählt. Neben Deutschen aller Schattierungen verschlägt es vor allem Niederländer und Dänen hierher.

Der Harz reicht über eine Länge von 100 Kilometern von Seesen im Westen bis Mansfeld im Osten und zieht sich über 50 Kilometer von Goslar im Norden bis Nordhausen im Süden. Insgesamt sind das 2.226 Quadratkilometer, verteilt auf die drei Bundesländer Sachsen-Anhalt, Thüringen und Niedersachsen – schon immer war der Harz auch ein Grenzgebiet zwischen den verschiedenen deutschen Kleinstaaten. Hier prallten Preußen und das Herzogtum Braunschweig aufeinander, und hier trugen die DDR und die Bundesrepublik ihren Kalten Krieg aus.

Weil wir nicht kleinlich sind und in größeren Maßstäben denken, betrachten wir den Harz eben nicht nur als eine vor 400 Millionen Jahren entstandene Felsformation, die dereinst von einem Ozean bedeckt war – weshalb man hier und da immer noch hübsche Fossilien findet, die man sich als Briefbeschwerer auf den Schreibtisch legen kann –, sondern auch als eine historisch bedeutende Kulturlandschaft, die an der einen oder anderen Stelle über das eigentliche Gebirge hinausragt.

Heute leben hier (von »vegetieren« kann seit einigen Jahrzehnten nur noch bedingt die Rede sein) fast 715.000 Menschen, die meisten von ihnen am Harzrand. Und hier wiederum vor allen im Unterharz, welcher im Osten gelegen ist und nicht im westlichen Oberharz. Wir werden den Ansiedlungen und ihren Bewohnern (zum Beispiel dem »ollen Quellenborjer« und dem als »gemütlich« eingestuft werden wollenden Mansfelder) den einen oder anderen Überraschungsbesuch abstatten. Zudem im Harz ja immer noch der Teufel los ist! Meint zumindest C. D. Friedrichs:

Auf Schritt und Tritt stößt man auf ihn: Teufelsmauer, -mühle, -bach, -brücke, -grund, -eck, -loch, -kanzel. Zwischen schroffen Granitklippen schlängelt sich die Tannen-Teufelskralle, ein Bärlauchgewächs. Auf Bergwiesen und Triften blüht lang, ährig, weiß oder aber tiefblau und kugelig die Teufelskralle, jungfernmarienblau der Teufelsabbiss. Das Wetter kann dem Wanderer einen verteufelten Streich spielen, so dass er vor lauter Dunst und Brühe den Weg verliert. Wer hierher kommt, muss gegenwärtig sein, dass er sich mit dem Teufel einlässt. Schon die Form des Gebirges auf der Karte sieht aus, als hätte der Teufel seine Schuhsohle verloren.[1]

Die Assoziationskette Harz – Teufel – Schuhsohle funktioniert noch immer und wurde von diversen Wanderliteraten und an-

Der Harzer als solcher ...

... lebt in schönen
Fachwerkhäusern, ...

... prächtigen Schlös-
sern, ...

deren reisenden Romantikern begründet, auf die wir noch zu sprechen kommen werden.

Doch nicht nur Teufel, sondern auch Hexen erfreuen sich im Harz nach wie vor einer großen Beliebtheit. Auch wenn viele der echten Harzer Hexen in China angefertigt wurden. Doch wir wollen nicht zynisch werden und den Leser lieber mit einem formvollendet gereimten und freundlich gemeinten Sinnspruch erquicken:

> Es grüne die Tanne,
> es wachse das Erz,
> Gott schenke uns allen
> ein fröhliches Herz.
> Glück auf![2]

Glück braucht man in der Tat, wenn man sich aufmacht, den Harz zu erkunden. Und so kann ich stolz sagen, in die Fußstapfen jener mutigen Pioniere getreten zu sein, die schon vor mir diese Landschaft durchstreift haben. Daher werde ich es mir auch nicht nehmen lassen, meine eigenen Erlebnisse, Erfahrungen und Beobachtungen mit den ihrigen zu vergleichen, obwohl ich durchaus geneigt bin, mich der Meinung des französischen Literaturprofessors Pierre Bayard anzuschließen, der sagte, dass »der menschliche Körper, den wilden Tieren, Unbilden des Wetters und Krankheiten schutzlos ausgeliefert ... ganz offenkundig in keiner Weise dafür geschaffen (ist), seine vertraute Umgebung zu verlassen und sich in ferne Gefilde zu begeben, weit weg von dem Ort, an den Gott ihn gestellt hat.«

Da ich jedoch stets bemüht bin, mich nicht über die Maßen der Faulheit hinzugeben, kann ich mich rühmen, den Harz zu den unterschiedlichsten Gelegenheiten und Zeiten besucht zu haben.

Folgen Sie mir jetzt bitte und bleiben Sie – zumeist zumindest – auf den in jeder Hinsicht ausgezeichneten Wanderwegen!

... eleganten Jugendstil-
bauten, ...

... idyllischen Pilzen ...

... oder in komfortablen
Buswartehäuschen.

Blühende Landschaften

Das Wort »Harz« leitet sich von »Hart« ab und bedeutet »bewaldete Berge«. Womit dieses Mittelgebirge ja eigentlich auch schon ausreichend beschrieben wäre.

Ich will aber gerne nochmal ins Detail gehen und ins Gedächtnis rufen, was ich schon in der Einleitung geschrieben habe, nämlich dass der Harz vor 400 Millionen Jahren entstanden ist (ein Alter, das man »dem Harz gar nicht an(sieht)«, wie der Harzreisende Moser schreibt[3]), also im Erdzeitalter Devon, wie wir alle wissen. Geologen sind begeistert, und auch der Laien-Erdkundler Johann Wolfgang von Goethe soll sich entzückt gezeigt haben über den Rammelsberg bei Goslar, den er – so liest man allüberall – als »klassische Quadratmeile der Geologie« bezeichnet haben soll. Hat er aber nicht. Jedenfalls ist diese Formulierung nirgendwo im Goetheschen Werk zu finden, auch wenn sogar das Goethe-Institut und das Geomuseum der TU Clausthal dieses vorgebliche Zitat gerne kolportieren, allerdings ohne jemals einen Quellennachweis erbracht zu haben. Es wäre halt so schön gewesen, wenn Deutschlands Dichterfürst und Top-Denker dies hätte verlauten lassen.

Neuere Forschungen lassen jedoch vermuten, dass die »klassische Quadratmeile der Geologie« indirekt auf Abraham Gottlob Werner (1750 – 1817) zurückgeht, der Lehrer an der sächsischen Bergakademie Freiberg war und die Geognosie begründete, die Vorläuferin der heutigen Geowissenschaften. Sein Schüler Alexander von Humboldt schrieb nämlich 1823:

> Ein kleiner Teil des Erdballs, ein Gebiet von nur einigen Quadratmeilen, in dem die Natur viele Formationen vereinigt hat, kann – wie ein wahrer Mikrokosmos der alten Philosophen – im Geiste eines guten Beobachters sehr genaue Vorstellungen über die fundamentalen Wahrheiten der Geognosie entstehen lassen. In der Tat waren die meisten der ersten Darstellungen von Werner, selbst jene,

die dieser berühmte Mann vor 1790 gegeben hatte, von einer Genauigkeit, die uns noch heute verblüfft. (...) (W)as man 1790 über das Urgebirge, die Übergangsschichten und das Sekundär wusste, stützte sich fast ausschließlich auf die Region Thüringen sowie die erzführenden Berge von Sachsen und des Harzes, auf ein Gebiet von nicht einmal 75 Meilen Länge.[4]

Der aus Peine stammende Reiseschriftsteller Friedrich von Bodenstedt berichtete wiederum, dass Humboldt selbst in einer gemütlichen Gesprächsrunde den Satz »Goslar ist der Mittelpunkt der klassischen geologischen Quadratmeile«[5] geprägt habe. Bei Goethe findet sich lediglich die Formulierung »Zwischen diesen Felsen hoff' ich noch viel für meine Spekulation, es ist ein Durchschnitt, der sehr lehrreich ist«[6], die er in einem Brief an Herder benutzte.

Zurück zum Thema, zurück zur Natur: Da das, was wir heute »Harz« zu nennen belieben, einst von Wasser bedeckt war, haben wir nun die Möglichkeit, bei Iberg auf Korallenriffen zu kraxeln. Ich persönlich habe allerdings eine nur schlechte Vorstellungskraft, was derartige Zeiträume angeht. Ich kann mir keine drölf Millionen Jahre vorstellen – oft kann ich mich noch nicht mal daran erinnern, was ich in der Küche wollte, obwohl ich mich doch gerade erst vor einer halben Minute dazu entschlossen habe, diese aufzusuchen, um irgendetwas Wichtiges zu holen. Einen Flaschenöffner? Eine Tüte Chips? Ein Hasseröder? Oder alles drei ...?

Äh, wo war ich gerade? Ach ja: im Harz. Und zwar vor vielen Millionen Jahren, als sich der Meeresboden senkte und hob und sich kilometerdick kalkhaltige Sedimente ablagerten. Und es übrigens sehr warm hier war, denn wir (obwohl es *uns* natürlich noch gar nicht gab) hatten hier ein tropisches Klima. Und der Harz befand sich noch auf der Südhalbkugel, ungefähr da, wo heute Madagaskar liegt. Hmm...

Eigentlich kann ich es mir immer noch nicht richtig gut vorstellen, also befragen wir doch einfach mal anerkannte Fachleute, seriöse Forscher, kompetente Wissenschaftler. Also den ADAC-Wanderführer. Dort heißt es:

An einigen Orten war der Meeresgrund gespalten und brodelnde Gesteinsschmelze trat aus der Erdkruste aus, die zu Basalt erstarrte. Ein solches ›Lavakissen‹ befindet sich in Silberhütte, einem Ortsteil von Sankt Andreasberg. (...)
Durch die nun Jahre später folgende ›variskische‹ Gebirgsbildung wurden diese Wasserbeckensedimente gehoben und gefaltet. Sie verbogen sich, zerbarsten und lagen mitunter ›zeitlich ungeordnet‹ aufeinander, so dass zuerst abgelagerte Schichten nun oben lagen. Gegen Ende dieser Faltung kam es erneut zu Vulkanismus: Flüssiges Magma presste sich in diese gefalteten Schichten, stieg nach oben und erstarrte jedoch vor dem Austritt an die Oberfläche zu grobkörnigem Tiefengestein wie z.B. Granit.
Durch die Hitze dieser aufsteigenden Gesteine entstanden in ihrem Umfeld so genannte Kontaktgesteine wie Grauwacke oder Hornfels. Zu dieser Zeit war das Klima wüstenartig und der Harz war – wie heute auch – Fest-

land. Sowohl der Brockengranit als auch das Ramberg-
massiv wurden in dieser Zeit angelegt. Die Elemente der
Natur sorgten nun für Abtragungsprozesse, die viele Höhen des variskischen Gebirges wieder einebneten und zu
Rumpfflächen werden ließen. (...)
Im Erdmittelalter, dem Mesozoikum, versanken der
Harz und ganz Mitteleuropa erneut im Meer. Wieder
lagerten sich dicke Sandschichten auf dem variskischen
Grundgebirge ab, die man heute mesozoisches Deckge-
birge nennt. Gegen Ende des Erdmittelalters begannen
sich die Schollen des Meeresbodens erneut zu heben
und die Verwitterung sorgte wieder für den Abtrag der
Sedimente, so dass an vielen, jedoch nicht allen Stellen,
wieder der alte Kern des Grundgebirges zum Vorschein
kam. ›Verschonte‹ Sandablagerungen sind heute z.B. die
Teufelsmauer bei Blankenburg.
Im Tertiär der Erdneuzeit wurde die Bruchscholle des
Harzes weiter gehoben und gekippt und das Harzgebirge
erhielt im Wesentlichen seine heutige Form.
Während der Eiszeit drängten sich Eismassen bis zum
nördlichen Harzrand vor. Ihre Schmelzwässer wuschen
die Risse und Spalten in die Scholle zu Kerbtälern aus –
Bode- und Selketal sind Beispiele dafür. Im Anschluss an
die Eiszeit wurde der Harz wieder durch die Elemente
der Natur geschliffen: In den Tälern lagerten sich Sedimente ab und Auenlandschaften entstanden. Die Höhen
wurden gerundet und Flora und Fauna besiedelten das
Gebiet.[7]

Wir sollten heute alle sehr dankbar sein für diese ganzen Erstar-
rungen, Einebnungen Drängungen, Hebungen, Faltungen, Pres-
sungen, Kippungen, Versenkungen, Rundungen, Verbiegungen,
Verwitterungen, Verschonungen, Ablagerungen, Abtragungen,
Auswaschungen, Austretungen, Aufsteigungen, Schmelzungen,
Spaltungen, Schleifungen, Zerberstungen, Brodelungen und
Besiedelungen, denn auf diese Weise ist die Landschaft entstan-
den, in der im Jahre 2006 schließlich und endlich der erste län-

derübergreifende und mit 24.700 ha auch der größte Nationalpark Deutschlands entstanden ist.

Seinen Sitz hat diese »erlebbare Wildnis« in Wernigerode,
im Wilden Osten. Sie umfasst ungefähr 10 Prozent der Fläche
des Harzes und ist zu 95 Prozent bewaldet. Zum allergrößten
Teil findet man hier Fichten (zwischen 70 und 80 Prozent) und
Buchen (12 Prozent). Der Rest sind Eichen, Ebereschen, Birken
und anderes Kruppzeug.

Für einen Nationalpark sehen die Richtlinien vor, dass es
eine Kernzone gibt, in der die Natur vollständig sich selbst
überlassen wird. Im Harz besteht sie aus lediglich 41 Prozent
der Fläche, 75 Prozent sind angestrebt. Erreicht werden soll dies
im Jahr 2020, was ja gar nicht mal mehr so lange hin ist, vor allen Dingen, wenn man das hohe Alter des Harzes bedenkt. Da
also die strengen Richtlinien, die für einen echten Nationalpark
gelten, noch nicht erreicht sind, wird der Harz bis auf weiteres
als »Entwicklungsnationalpark« bezeichnet – was wohl so etwas Ähnliches wie ein »Entwicklungsland« ist, nur eben für
Tiere und Pflanzen.

Dass die Natur sich selbst überlassen wird, bedeutet übrigens auch, dass die riesigen Fichtenwälder den Borkenkäfern
überantwortet werden. Denn diese Monokultur ist noch recht
jung und von Menschenhand angelegt – als Ersatz für die Wälder, die man in den Jahrhunderten zuvor für den Bergbau ab-
geholzt hatte. Diese Fichtenfriedhöfe mit ihren Baumleichen
sehen nicht immer schön aus, lassen sich aber vorerst nicht ver-
meiden, da nur so neue Mischwälder entstehen können. Leute,
da müssen wir durch!

Was gibt es noch im Nationalpark Harz? Genau: weltbe-
rühmte Hochmoore, kühle Fließgewässer, ausgedehnte Fel-
senmeere, harte Granitfelsformationen, karge Blockhalden,
subalpine Zwergstrauchheiden, Kühe verschlingende Erdfälle
sowie tolle Waldböden mit Moosteppichen und Flechten an
den Bäumen. Die ungewöhnlichen Lebensbedingungen mit
extremer Nährstoffarmut, einem niedrigen pH-Wert und einer
permanenten Wassersättigung (meint: viel Regen, noch mehr

Nebel und jede Menge Schnee) sorgen für eine hoch spezialisierte Flora und Fauna, weshalb man hier fleischfressende Pflanzen und Wollgräser sowie Schwarzstörche, Wasseramseln, Feuersalamander und den blaugefärbten Moorfrosch findet. Was der Grund dafür ist, warum neben Geologen auch Biologen am Harz ihre helle Freude haben.

Aber auch Alpinisten beziehungsweise Subalpinisten werden den Harz lieben – womit wir beim nächsten Kapitel angekommen wären.

Ein schwerer Brocken

Im Duell Niedersachsen versus Sachsen-Anhalt stellt das zweite Bundesland in puncto höchste Berge zwar den Rekordhalter, sieben der zehn höchsten Berge des Harzes liegen jedoch in Niedersachsen. Thüringen hat dagegen gar keine Berge im eigentlichen Sinne, sondern höchstens 635,5 Meter hohe Hügel – da hilft auch ein Name wie Großer(!) Ehrenberg(!) nichts.

Lassen wir diese kleinen Krümel doch erst mal beiseite und wenden uns gleich dem größten Brocken unter allen Harzbergen zu: dem Brocken. Der »altdeutsche Riesengreis« (Joseph von Ihr-wisst-schon-wer) misst nach neueren Forschungen 1.141 Meter und damit einen Meter weniger als lange Zeit angenommen. Um die alte Höhe wieder zu erreichen, wurde auf seinem Gipfel ein Monolith errichtet. Die Fachleute sind sich allerdings uneins, ob dies nach geowissenschaftlichen Maßstäben überhaupt zulässig ist oder nicht vielmehr als unlauterer Wettbewerb angesehen werden muss.

Aber ob der Brocken nun einen Meter mehr oder weniger auf dem Buckel hat, ist vielleicht auch nicht wichtig, denn er ist so oder so der höchste Berg Norddeutschlands. Von seinem Gipfel hat man eine Fernsicht von 70 Kilometer, weshalb man bei gutem Wetter bis Wolfsburg im Norden, Magdeburg im Osten und bis zum Hohen Meißner im Süden schauen kann. Was übrigens bis zu zwei Millionen Besucher im Jahr ausprobieren. Da es auf dem Brocken durchschnittlich 306 Nebeltage pro Jahr gibt, ist die Erfolgsaussicht auf einen weiten Ausblick allerdings leider nicht allzu hoch.

Generell sind die Witterungsbedingungen nicht sonderlich einladend, denn das Klima auf dem Brocken entspricht dem in den Alpen in 1.900 bis 2.500 Meter Höhe. Die Durchschnittstemperatur beträgt flotte 2,9 Grad. Sogar im Sommer besteht die Gefahr von Bodenfrost. Kein Wunder bei 100 Eis- und 85 Frosttagen. Und an 190 – 200 Tagen fällt Regen oder Schnee, der sich im Winter bis zu 3,60 Meter türmt. Überhaupt der Niederschlag – der ist wirklich niederschlagend und beträgt im Mittel 1.600 Millimeter, zwei- bis dreimal soviel wie im Flachland. Dazu kommt, dass nur fünf Prozent des Niederschlags verdunsten, 80 Prozent fließen über undurchlässiges Gestein ab, womit wir für die Entstehung von Hochmooren und Bergbächen auch eine einigermaßen befriedigende Erklärung gefunden hätten. Dass hier Windgeschwindigkeiten von bis zu 260 Km/h herrschen, lässt den Brocken auch nicht heimeliger erscheinen.

Das erklärt vielleicht auch, warum man erst vor wenigen hundert Jahren begann, den Berg zu »erobern«. 1401 wurde der Brocken überhaupt erstmals urkundlich als »Brockenberg« erwähnt. Etymologisch lässt sich sein Name tatsächlich auf den (Fels-)Brocken zurückführen, ebenso gut aber auch auf das Wort Brock/Bruoch für Morast und auf den (sumpfigen) Bruchwald. Auch der Name Blocksberg ist geläufig und wurde durch eine für Kinder erdachte Harmlos-Hexe mit dem Vornamen Bibi unsterblich gemacht; unsere Latein sprechende Minderheit kennt ihn als Mons Bructerus.

Trotz der erwähnten unwirtlichen Witterungsbedingungen, die auf dem Brocken herrschen, verwundert es doch ein wenig, dass die offizielle Erstbesteigung erst im Jahre 1560 durch den Siegener Kartografen Tilemann Stoltz stattgefunden haben soll. 1583 folgte ihm der Botaniker Johannes Thalius aus Nordhausen, und 1591 bestieg schließlich der braunschweigische Herzog Heinrich Julius mitsamt seiner jungen Frau, einer dänischen Prinzessin (der herkunftsbedingt Berge generell unbekannt waren), samt Hofstaat und -schranzen den Blocksberg – wobei bis zur halben Höhe ein Weg geschlagen wurde, der mit einem Knüppeldamm aus Bäumen angelegt wurde, damit die hohen Herren und Damen einen Großteil des Aufstiegs im bequemen Reisewagen zurücklegen konnten.

Danach ging es Schlag auf Schlag: 1607 folgte der Rektor der Klosterschule in Ilsenburg, Martin Schwenser, und 1634 die Schüler des Quedlinburger Gymnasiums. 1649 gab es wieder hohen Besuch auf dem hohen Berge: Fürst Friedrich von Anhalt-Bernburg samt Gefolge erklommen den Brocken. Da fortan die Besteigung des Berges keine Seltenheit mehr war, wurde 1654 ein erstes behelfsmäßiges »Besucherbuch« in Form von Kerbhölzern angelegt.

Allerdings – auch das muss gesagt werden – erlangte der Brocken in dieser Zeit einen schlechten Ruf, denn im Jahre 1668 schrieb Johannes Praetorius das Werk »Blockes-Berge Verrichtung«, einen geografischen Bericht, der gleichzeitig ein Kompendium der Hexen-Mythologie ist. Der russische Zar Peter der Große ließ sich von diesen Ammen- beziehungsweise Pfaffenmärchen jedoch nicht abschrecken und sich im Jahr 1697 bei einem seiner Besuche im Harz eine todesmutige Besteigung des Brockens nicht entgehen.

Der Dichter Johann Wolfgang von Goethe, einer der letzten Universalgelehrten, gilt gemeinhin als Winter-Erstbesteiger des Brockens, und so ganz falsch ist das ja auch nicht. Allerdings könnte auch Christlob Mylius diese Ehre für sich beanspruchen, denn der mit Lessing verwandte Schriftsteller bestieg am 24. April 1753 den Brocken – und zwar unter definitiv winterlichen Bedingungen. Allerdings konnte Goethe *seine* Erstbesteigung am 10. Dezember 1777 besser verkaufen: Schon am Tag zuvor schrieb er einen Brief an Charlotte von Stein, in dem er seine Heldentat ankündigte:

> Ich hab an keinem Orthe Ruh, ich hab mich tiefer ins Gebürg versenckt, und will morgen von da in seltsame Gegenden steigen, wenn ich einen Führer durch den Schnee finde.[8]

Überhaupt hielt er seine Mäzenin auch in dieser Angelegenheit stets auf dem Laufenden:

Wie ich gestern zum Torfhause kam, saß der Förster bei seinem Morgenschluck in Hemdsärmeln, und diskursive redete er vom Brocken, und der versicherte, die Unmöglichkeit hinaufzugehen, und wie oft er Sommers droben gewesen wäre, und wie leichtfertig es wäre, jetzt zu versuchen. – Die Berge waren im Nebel, man sah nichts, »und so«, sagte er, »ist's auch jetzt oben, nicht drei Schritte vorwärts können Sie sehen. Und wer nicht alle Tritte weiß...« p.p. Da saß ich mit schwerem Herzen, mit halben Gedanken, wie ich zurückkehren wollte. Und ich kam mir vor wie ein König, den der Prophet mit dem Bogen schlagen heißt, und der zu wenig schlägt. Ich war still und bat die Götter, das Herz dieses Menschen zu wenden und das Wetter, und war still. So sagt er zu mir: »Nun können Sie auf den Brocken sehen.« Ich trat ans Fenster, und da lag er vor mir, klar wie mein Gesichte im Spiegel; da ging mir das Herz auf, und ich rief: »Und ich sollte nicht hinaufkommen?« Und er sagte: »Ich will mit ihnen gehen.« (...) Ich hab's nicht geglaubt bis auf der obersten Klippe. Alle Nebel lagen unten, und oben war herrliche Klarheit und heute nacht bis früh war er im Mondschein sichtbar und finster auch in der Morgendämmerung, da ich aufbrach.«[9]

Haben Sie's bemerkt? Wie so oft in der Geschichte des Alpinismus werden diejenigen übergangen, die die Höchstleistungen erst möglich gemacht haben: In diesem Falle stieg nicht Herr von und zu Goethe alleine auf den Berg, sondern er ließ sich von seinem treuen Sherpa, dem Förster Degen, hinauf bringen. Oben angekommen geriet er ganz aus dem Häuschen, vielleicht lag es am hochgebirgsüblichen Sauerstoffmangel:

Heiterer, herrlicher Ausblick, die ganze Welt in Wolken und Nebel und oben alles heiter. Was ist der Mensch, daß Du sein gedenkst?[10]

All diese Prominenz auf dem Brocken – Goethe bestieg ihn noch zwei weitere Male und verarbeitete diese Erlebnisse nicht nur im »Faust«, sondern auch in seiner (physikalisch unhaltbaren) »Farbenlehre« – führte dazu, dass sich noch mehr Celebrities auf den Brocken quälten.

»Kaiser und Könige besuchten ihn, im Juli 1697 war Zar Peter oben, 1805 und 1825 die preußischen Könige Wilhelm III. und IV., und sogar Jeromchen[11] raffte sich auf, sein Luderleben zu Kassel auf einige Tage zu unterbrechen und nur in Begleitung der unentbehrlichsten Couerdamen sich des Verlustierens halber zum Brocken zu bemühen, was maßen ihn die vereidigten Hofpoeten ob seiner Unerschrockenheit über das Bohnenlied priesen«[12], spottete zum Beispiel Hermann Löns in seinen »Brockengeheimnissen«. Weitere mehr oder minder berühmte Besucher waren Wilhelm Ludwig Gleim, Johann Heinrich Voß, Friedrich Nicolai, August Wilhelm Schlegel und König Friedrich August von Sachsen.

Aber schauen wir uns einige dieser Reisenden und ihre Besteigungen ein wenig genauer an. Da wäre Joseph von Eichendorff, der den ersten Eindruck, den der »alte Vater Brocken« auf ihn machte, so beschrieb: »Ernst und grauenerregend sah er uns an aus seinem düsteren Hintergrunde, schaute ehrwürdig hin über die Ebnen und Gefilde, die im Abendrote glühten, während sein Haupt noch den Tag mit lichtem Glanze verklärte.«[13]

Auch für den dänischen Schriftsteller und Märchenautor Hans Christian Andersen hatte der Brocken – das »nordische Hünengrab im Großen« – etwas Bedrohliches; zudem mal wieder Angst einflößende Nebel über den Gipfel waberten:

Wer einmal im Traum über die Erde hinweggeflogen ist und Länder, Städte und Wälder tief unter sich gesehen hat, der kann sich eine entfernte Idee von dieser unbegreiflichen Herrlichkeit machen. Pechschwarz lagen die mit Tannen bewachsenen Berge unter mir, weiße Wolken, vom Mond beschienen, fuhren wie Geister an den

Bergen vorüber! Da gab es keine Grenzen, das Auge verlor sich in Unendlichkeit; Städte mit ihren Türmen, Köhlerhütten mit ihren Rauchsäulen ragten aus dem durchsichtigen Nebelschleier hervor, den der Mond beleuchtete.[14]

Eventgastronomie – in diesem Falle eine Übernachtung mit Sonnenaufgangsbesichtigung um drei Uhr morgens – gab es damals auch schon:

Einen so herrlichen Morgen hatte man in diesem Jahr noch nicht auf dem Brocken gehabt. Wir sahen deutlich Magdeburg mit seinen Türmen, Halberstadt und Quedlinburg, die Türme der großen Domkirche zu Erfurt, die Bergschlösser der ›Gleichen‹ und die Wilhelmshöhe bei Kassel, außerdem eine Menge kleinerer Städte und Flecken.[15]

Für Joseph von Eichendorff, den alten Romantiker, war der Sonnenaufgang auf dem Brocken sogar ein religiöses Erlebnis: »›O Gott! Wie schön ist deine Welt!‹, riefen wir alle einmütig aus im seligen Genusse und konnten nur mit Mühe unsere Blicke von der unermesslichen Weite abwenden.«[16]

Heinrich Heine ging analytischer vor, aber auch er konnte sich der Schönheit des Brockens und der Schönheit seines Ausblicks kaum entziehen und geriet in naturreligiöse Verzückung:

Es ist ein erhabener Anblick, der die Seele zum Gebet stimmt. Wohl eine Viertelstunde standen alle ernsthaft schweigend und sahen, wie der schöne Feuerball im Westen allmählich versank; die Gesichter wurden vom Abendrot angestrahlt, die Hände falteten sich unwillkürlich; es war, als ständen wir, eine stille Gemeinde, im Schiffe eines Riesendoms, und der Priester erhöbe jetzt den Leib des Herrn, und von der Orgel herab ergösse sich Palestrinas ewiger Choral.[17]

Bei seinem Eintrag ins Brocken-Gästebuch bewies er dann wieder einmal, wie man mit wenigen Worten doch so viel sagen kann. »Große Steine, müde Beine, saure Weine, Aussicht keine. Heinrich Heine«, schrieb er.[18]

Lassen wir nun noch mit Joseph von Eichendorff sich die Nacht über den Brocken herabsenken und genießen den Schauder der Einsamkeit, der in jenen glücklichen Jahren vom Brocken ausging:

> Augenblicke lang zerriss oft der Sturm die düstere Wolkendecke über uns. Dann fuhr plötzlich der helle Schein des Mondes wie ein langer Blitz über den ganzen Himmel und beleuchtete auf eine Sekunde mit matter Dämmerung die öde Einsamkeit. Staunend und nicht ohne inneres Leben fühlt' ich in diesen Augenblicken die Abgeschiedenheit von aller Welt, die furchtbare Nähe des Himmels, und jetzt erst verstand ich's, warum gerade hier auf dem Blocksberge die Hexen tanzen sollen.[19]

Sie haben es sicherlich bemerkt: Mittlerweile gab es nicht nur ein richtiges Gästebuch, in dem man sich verewigen, sondern auch ein Häuschen, in dem man nächtigen konnte. Der stetig zunehmende Besucherandrang auf den Brocken hatte nämlich zur Folge, dass zur Förderung der Bequemlichkeit für die Gäste im Jahre 1736 eine erste Schutzhütte auf dem Weg zum Gipfel, das »Wolkenhäuschen«, errichtet wurde. 1800 folgte die erste Hütte auf dem Hauptgipfel, die nach Graf Christian Friedrich zu Stolberg-Wernigerode in aller Bescheidenheit »Friedrichshöhe« genannt wurde. Seit 1840 wurde sie auch im Winter bewirtschaftet – so weit war es also schon gekommen. Nachdem die Friedrichshöhe Opfer eines Brandes wurde, errichtete man 1860 flugs ein neues Brockenhaus.

Weiter ging es bautechnisch mit dem Brockengarten der ehrwürdigen Universität zu Göttingen, der 1890 eröffnet wurde, um Pflanzen aus aller Welt die Möglichkeit zu geben, im Harz heimisch zu werden. Beziehungsweise um herauszufinden, ob sie hier überhaupt heimisch werden können. Und sechs Jahre später erblickte hier ein Observatorium das Licht der Welt, damit Astronomen einen ungetrübten Blick ins Weltall werfen können.

Endgültig vorbei mit der Einsamkeit war es am 4. Oktober 1898, als die erste Eisenbahn von Schierke bis zum Brockengipfel fuhr und dabei einen Tunnel zu durchfahren sowie 1.000 Brücken zu überqueren hatte. Gastarbeiter aus Jugoslawien, Italien und Bayern hatten diese »Erstbesteigung« durch die Bahn möglich gemacht. Am 27. März 1899 wurde der regelmäßige Verkehr aufgenommen. Hermann Löns war von dem Massentourismus auf dem »Vater Brocken«, der nun einsetzte, gar nicht begeistert:

> Seitdem die Bahn geht, kann jeder Asphalttrotter zum Brocken, und die seltsamsten Völker bekommt man zu Gesicht, sogar einen Mann in Gehrock und Zylinder, der eine so blaue Halsbinde um hat, dass einem die Augen überlaufen, sieht man sie an. Gelbe Schuhe hat er auch an und eine Bonbonhose von zärtlich hellgrauer Farbe. Er ist selbstverständlich aus Berlin und findet während der Fahrt alles ganz nett.[20]

1921 bestiegen und befuhren dann schon 100.000 Besucher den Gipfel. Allerdings lässt sich das Verkehrsmittel Bahn noch toppen: 1928 landete das erste Flugzeug auf dem Brocken. Kleinmütig verzichtete man allerdings auf den Bau eines Großflughafens.

Der 2. Weltkrieg bereitete der Eroberung des Brockens durch immer mehr Besucher – ich bin geneigt zu sagen: glücklicherweise – vorerst ein Ende. Am 8. April 1945 erklärte das Oberkommando der Wehrmacht den Harz zur Festung, die Reste der 12. Armee wurden mit ihrer Verteidigung beauftragt. Am 17. April zerstörten Bomber das Brockenhotel und beschädigten die Bergkuppe, die Wetterwarten, den Bahnhof und den Brockengarten. Der Fernsehturm (erbaut von 1936 bis 1938 und damit der zweite Fernsehturm der Welt) und der Aussichtsturm wurden hingegen nur leicht beschädigt. Am 20. April eroberten die Amerikaner schließlich die »Höhe 1142«. Der Kampf hätte damit vorbei sein können, doch noch am 25. April massakrierten uneinsichtige SS-Männer an der Hütte des Braunschweiger Skiklubs eine alliierte Patrouille, woraufhin die Amerikaner die Siedlung Torfhaus räumten, deren Bewohner der Kollaboration verdächtigt wurden, und die Häuser niederbrannten. Erst am 30. April fand das letzte Feuergefecht im Harz statt. Die Bilanz der Kämpfe: 90 gefallene Amerikaner und 33 tote Deutsche, darunter viele Hitlerjungen.

Nach der deutschen Kapitulation gehörte der Brocken zur amerikanischen Enklave in der britischen Besatzungszone; in der Konferenz von Jalta wurde dieses Gebiet jedoch den Sowjets zugesprochen. Ab 1951 war ein Passierschein notwendig, um den Brocken zu erreichen; am 13. August 1961 wurde er ganz für den Tourismus gesperrt. Stattdessen nistete sich die Stasi in der sogenannten »Brockenmoschee« ein, um den Funkverkehr in der BRD abzuhören. Und wieder wurde der Brocken eine Festung: Ab Ende der 70er Jahre errichtete man aus 1.316 Betonteilen eine 5.500 Tonnen schwere Mauer – die aber bekanntlich letztlich auch nichts nützte. Am 3. Dezember 1989 brachen 400 Demonstranten von Ilsenburg auf, um den Brocken zu erobern. Sie setzten durch, dass das Tor zur Festung geöffnet wurde. Ein Augenzeuge:

> Ich traute meinen Augen kaum: Dort standen Soldaten der Grenztruppen, die nun Würstchen für eine Mark verkauften und damit die Marschverpflegung der Demonstranten übernommen hatten. Würstchen statt Waffen, das Ende der Grenztruppen, der Deutschen Demokratischen Republik! (...)
> Tanzend und singend nahmen die Menschen wieder Besitz vom Brocken. Volksfeststimmung – ausgelassen wurden Lieder gesungen, Menschen umarmten sich.[21]

1991 fiel die bröcklige Brockenmauer endgültig. Und noch im selben Jahr fuhr das lang vermisste eiserne Pferd zum ersten Mal wieder auf den Gipfel: Seit 1992 ist der mit 1.125 Metern höchste Bahnhof Norddeutschlands und höchste Schmalspurbahnhof Deutschlands wieder mit dem Zug zu erreichen.

Auch militärisch fand eine Wachablösung statt. Am 31. März 1994 zogen die letzten Soldaten der GUS-Armee ab. Seitdem hat die Bundeswehr endgültig das Sagen auf dem Brocken.

Manch einer, dem zu DDR-Zeiten der Zutritt verwehrt war, kann heute gar nicht genug kriegen vom Kraxeln auf den Brocken: Benno Schmidt aus Wernigerode – Brocken-Benno genannt – erklimmt seit Dezember 1989 von Schierke aus fast täglich den Gipfel. Mittlerweile bringt er es auf über 6.000 Besteigungen – zu Fuß natürlich, nicht mit der Bahn.

Die weiße Hölle von Oderbrück

In Braunschweig regnet es. Trübe Aussichten für unsere geplante Wandertour auf den Brocken. Allerdings versucht an diesem Novembertag auch mal kurz die Sonne herauszukommen, nur um ebenso schnell wieder zu verschwinden: Die Sonne scheint zu scheinen, aber das scheint nur so. Der Brocken, den man eigentlich von der Wolfenbütteler Straße aus gut erkennen kann, wird von Wolken verdeckt. Erst auf der Autobahn, hinter Vienenburg, zeigt sich der Harz, der Himalaya Niedersachsens, in voller Pracht und Schönheit.

Weniger schön ist, dass wir schon kurz hinter Bad Harzburg auf Reserve fahren – wir haben wohl den durch das Erklimmen der Anhöhen erhöhten Spritverbrauch mächtig unterschätzt. Die Voraussetzungen für unsere Expedition stehen unter keinem guten Stern. Wir wollen den Aufstieg trotzdem wagen.

Torfhaus links liegen lassend, erreichen wir den Oderbrück genannten Parkplatz, auf dem wir uns mit zwei anderen Familien treffen. In Braunschweig ist wie gesagt noch Herbst, aber hier hat schon der Winter sein eisiges Regiment übernommen. Ich bin froh, auf meine lebenskluge Frau gehört und mich wie für eine Antarktisexpedition gekleidet zu haben, inklusive langer Unterwäsche, Schneehose, Schal, Mütze, Handschuhen und ungefähr sieben Pullovern. Auch die übrigen Mitglieder unserer Reisegruppe sind schon eingetroffen. Insgesamt sind wir sechs Erwachsene und sieben Kinder. Und ein Hund, der Herr Müller heißt. Wir beratschlagen noch einmal: Wollen wir den Aufstieg wirklich wagen? Oder auf besseres Wetter warten? Also bis zum nächsten Frühjahr? Das wollen wir natürlich nicht – was Goethe geschafft hat, werden ja wohl auch wir packen!

Der Aufstieg ist beeindruckend. Der Harz ist heute ein wahres Winterwunderland, das aus verschneiten Tannen und

Fichten besteht. 7,2 Kilometer sind es bis zum Brocken – noch ahnen wir nicht, wie lang das wirklich ist!

Nach gefühlten zweihundert Metern wird von den Kindern die erste Pause angemahnt. Nach zwei Kilometern klagt das erste: »Ich kann nicht mehr.« Doch wir Erwachsenen sind unerbittlich, denn wir wissen, was an dieser Expedition alles hängt: unser Stolz. Also die Möglichkeit, auf dem Brocken ein Foto zu machen und es sogleich bei Facebook einzustellen oder über WhatsApp zu verschicken. Wenn man da oben überhaupt Empfang hat.

Doch unsere minderjährigen Sherpas setzen sich schließlich mit ihrem auf purem Aberglauben beruhenden Wunsch durch, eine Pause einzulegen. Gierig verschlingen sie ihre erste Ration – ein karges Mahl, das aus geschmierten Brötchen, leckerem Laugengebäck, perzigem Obst und süßem Süßi besteht. Wir schicken Nele, die wohlweislich zuhause geblieben ist, ein Foto von den verschneiten Wegen. »Sie wird gleich antworten, dass sie froh ist, zuhause geblieben zu sein«, sagt Anita, um zwei Minuten später eine Nachricht zu bekommen, in der steht, dass Nele froh ist, zuhause geblieben zu sein.

Beim weiteren Aufstieg müssen wir immer wieder Skifahrern und Fahrradfahrern ausweichen. Sie berichten von unmenschlicher Kälte und meterhoch Schnee auf dem Gipfel des gewaltigen Berges. Doch wir lassen uns nicht abschrecken! Und auch unsere Sherpas sind nach weiteren Pausen – ungefähr alle hundert Meter – bereit, weiterzugehen. Pick Up's (Geschmacksrichtung Karamell) und Mikado-Stäbchen (mit Schokoladenüberzug) dienen uns als Argumentationshilfe. Ein teures Unternehmen!

Die knapp sieben Kilometer erweisen sich als außergewöhnlich lang. Nach zwei Stunden haben wir immerhin über die Hälfte der Strecke geschafft. Die Sherpas drohen aber nun endgültig zu desertieren. Allein die Aussicht, mit der Brockenbahn wieder herunterzufahren, kann sie davon überzeugen, weiter zu gehen. Und nur die sofortige Zufuhr von Zuckerware bewahrt sie vor dem sofortigen Hungertod. Wir Erwachsenen lutschen unterdessen gefrorenes Trockenobst.

Dann endlich ist der Gipfel erreicht, nach fast vier Stunden. Beziehungsweise nicht ganz der Gipfel, denn erst einmal kommen wir auf Höhe 1.125 am Bahnhof an. Er wirkt verwaist. Fahren heute überhaupt Züge? Wir hoffen es. Und kehren beim Brockenwirt ein. Respektive wieder um, weil das Lokal überfüllt ist. Also müssen wir doch weiter, zum Brockenhaus.

Oben: Eiszapfen im Wind

Wir erreichen es um 14.31 Uhr. Und lesen ein Schild, auf dem steht: »Ab 14.30 Uhr Geschlossene Gesellschaft«. Die Tür zur Gaststätte ist daher auch versperrt. Nur zwei Leute lungern davor herum, provokativ Nudeln mit roter Soße essend. Wir überlegen, ob wir sie ihnen abnehmen, schließlich sind wir in der Überzahl. Hungrig, müde, frierend beginnen wir, sie zu umzingeln. In den Bergen wird der Mensch zum Tier.

Glücklicherweise fällt aber noch jemandem ein, dass es ganz oben noch ein Restaurant gibt. Doch auch diesmal stellen sich uns unerhörte Schwierigkeiten entgegen. Herr Müller darf nämlich nicht in den Aufzug. Ich schlage vor, ihn draußen anzubinden. Wenn er erfriert, bleibt er wenigstens schön frisch. Mein Vorschlag wird leichtfertig abgelehnt. Stattdessen beschließen wir, so zu tun, als hätten wir das Hundeverbotsschild nicht gesehen.

Der Aufzug quält sich auf Reserve das Hochhaus hoch. Oben angekommen sehen wir nichts, jedenfalls wenn wir aus dem Fenster gucken. Nur Nebel. Oder Wolken. Zumindest ist alles weiß und undurchsichtig.

Der Käsekuchen ist mit Rosinen (»Aber nur ein paar!«), die Erbsensuppe mit Speck (»Aber nur ein bisschen!«). Aber der Apfelkuchen ist lecker! Die Sherpa-Kinder essen Waffeln und trinken Kakao und Fanta. Sie sind wie immer kurz vor dem Verhungern und lassen daher auch nur wenig – also ungefähr die Hälfte – übrig.

Auch der Abstieg erweist sich als schwierig, denn die Benutzung der Treppe ist untersagt. Sie ist nur für den Notfall gedacht. Wir quälen uns wieder in den Elevator. Drei von uns schicken wir zu Fuß vor, damit sie uns – die wir leider Zug fahren müssen – mit dem Auto in Wernigerode abholen. Wir sind froh, diesen Ort des Schreckens zu verlassen, erst recht, als uns auf dem Weg zum Bahnhof Satansanbeter entgegenkommen. Ich biete ihnen Herrn Müller zum Kauf an, um ihn bei ihrer Schwarzen Messe ... Sie lehnen dankend ab.

Im Zug machen wir erstmal ein kleines Picknick. Wir sind völlig ausgehungert. Und durstig. Gierig kippen wir Erwachsenen den Schierker Feuerstein in uns hinein. Gerettet!

In Wernigerode angekommen, erwarten uns schon die Autofahrer. Mit letzter Kraft und blutroter Reserveleuchte erreichen wir eine Tankstelle. Die Zivilisation hat uns wieder!

Ich bin sicher, dass wir es mit unserer tollkühnen Expedition – immerhin ist dies meine ganz persönliche Erstbesteigung des Brockens im Winter – in die Geschichtsbücher schaffen werden.

Was hiermit geschehen ist.

waschbärwurz

Nun soll man nicht glauben, dass der Brocken der einzige er-
klimmenswerte Berg im Harz ist. Immerhin gibt es hier noch
einige weitere gewaltige Eintausender: den Kleinen Brocken
(1.018 Meter), die Heinrichshöhe (1.044 Meter) und den Kö-
nigsberg (1.029 Meter), die jedoch allesamt Nebenkuppen des
Brockens sind. Erwähnenswert sind in diesem Zusammenhang
noch der Renneckenberg (933 Meter), der Bruchberg (928
Meter), der Wurmberg (971 Meter) und der Achtermann (926
Meter).

Und wenn Sie mal in der Gegend sind, sollten Sie es sich
nicht nehmen lassen, dem Kyffhäuser einen Besuch abzustatten.
Kyffhäuser ist übrigens nicht der Name einer Coffeeshop-Kette,
sondern der einer sagenumwobene Bergregion, die vom Harz
durch die »Goldene Aue« getrennt wird. Wobei es Leute gibt,
die behaupten, dass der Genuss von THC-haltigen Genussmit-
teln die berauschende Wirkung dieser Landschaft zu verstärken
durchaus imstande ist ...

In den Bergen des Harzes sprudeln Gewässer mit so schönen
Namen wie Nette und Ilse aus dem Boden, die hernach – größer und breiter, ja: erwachsen geworden – mit anderen Flüssen
vereint in die Deutsche Bucht münden, um dann gemeinsam
mit den sieben Weltmeeren den größten Teil der Erdkugel mit
lebensspendendem Wasser zu benetzen.

Oder wie es Wilhelm Raabe so formvollendet ausdrückte:

Mit verhaltenem Jauchzen und mit einem allerliebsten,
lachenden Leichtsinn, wie vierzehnjährige Mädchen aus
der Schule, hüpfen die Bäche und kleinen Flüsse hervor:
die Ilse und die Bode, die Oker und die Radau, die Selke
und die Holzemme, und keine der ausgelassenen Dirnen
weiß ihrer Lust genugzutun bis mitten in das flache Land.
Hier beginnt dann freilich ein etwas altjüngferliches, fast
matronenhaftes Schlürfen und Schleichen, bis die beiden

Die Tierwelt ...

... des Harzes ...

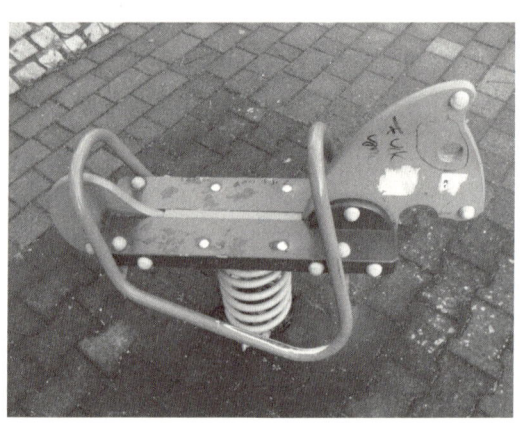

... ist vielfältig.

alten Muhmen, die Weser und die Elbe, den gesamten Schwarm einfangen und ihn richtig bei der wackeren und munteren Großmutter, der Nordsee, abliefern, welche bei Bremerhaven und Kuxhaven ihre Türen weit genug offenhält.[22]

Ein schönes Bild! Und so wollen wir noch ein wenig in unserem beschaulichen Harze verweilen und uns von Heinrich Heine etwas über die »liebliche, süße Ilse« und die sie umgebende Landschaft erzählen lassen:

> Es ist unbeschreibbar, mit welcher Fröhlichkeit, Naivität und Anmut die Ilse sich hinunterstürzt über die abenteuerlich gebildeten Felsstücke, die sie in ihrem Laufe findet, sodass das Wasser hier wild emporzischt oder schäumend überläuft, dort aus allerlei Steinspalten, wie aus tollen Gießkannen, in reinen Bögen sich ergießt und unten wieder über die kleinen Stein hintrippelt, wie ein munteres Mädchen. [23]

Wie anders ist dagegen die »düstere Schöne, die Bode«[24]! Das Bodetal – »das gewaltigste Felsental nördlich der Alpen«[25] – könnte man mit ein bisschen Fantasie und wenn man sich ein bisschen Mühe gibt auch als »Grand Canyon Deutschlands« bezeichnen. Rund 500 Flechtenarten zeugen von einer beeindruckenden Artenvielfalt – jedenfalls was Flechten angeht. Bemerkenswert an der »schöne(n) Selke«, der »liebenswürdigere(n) Dame«[26] ist hingegen »das Vorkommen des Federgrases, einer Steppenpflanze.«[27] Was einiges aussagt über die kargen Lebensbedingungen im Harz. Auch Farne sind im Harz seit ein paar hundert Millionen Jahren ansässig. Das muss der Mensch erst mal schaffen. Ich würde nicht auf ihn wetten.

Schon die Namen der hier wohnhaften Pflanzen sind es wert, dass ihre Träger geschützt werden: Breitblättriges und Geflecktes Knabenkraut, Schlangenknöterich, Wiesenstorchschnabel, Bergplatterbse, Sumpfdotterblume, Kuckuckslichtnelke, Bärwurz, Wollgras, Sonnentau und Rote Lichtnelke – welche Po-

esie steckt in diesen Benennungen! Und wer möchte nicht durch den Harz streifen und laut ausrufen: »Ei guck, hier wächst Mädesüß den Sonnenstrahlen entgegen! Ist es nicht liebreizend!« Oder: »Sieh dort, da trollt sich eine Trollblume!« Ein lichtscheuer und verachtenswerter Grobian, der zu widersprechen wagt!

Zur Fauna des Harzes gehören neben Niedersachsen, Sachsen-Anhaltinern und Thüringern auch zahllose andere Säugetiere, wie zum Beispiel diverses Reh- und Rotwild sowie Füchse, Dachse, Marder und Wildkatzen.

Nun sind Migrationsvorgänge sowohl in der Menschenwelt als auch in Flora und Fauna nichts Ungewöhnliches, und so verwundert es nur den Laien, wenn er hört, dass seit 1906 Wildschafe im Harz ansässig sind. Noch später stieß der Waschbär hinzu, er breitet sich seit den 20er und 30er Jahren aus, was von vielen Harzkennern und -bewohnern kritisch gesehen wird – womit wir mitten in einer ideologischen Debatte wären, die in der Natur- und Tierschutzszene geführt wird, und in der es – kurz gefasst – darum geht, inwieweit Landschaften von einwanderungswilligen Tieren und Pflanzen freigehalten werden sollen oder ob diese Veränderungen nicht hingenommen werden sollten, in der Annahme, dass sich die Natur in ihrer Gesamtheit schon zu helfen weiß. Der Harzreisende Björn Kuhligk ist sich dieses Zwiespaltes bewusst, wenn er die Waschbären als eine »freundliche Plage«[28] bezeichnet, weil die allesfressenden Säugetiere auf der Suche nach Nahrung des Nachts lautstark die Mülltonnen vor seinem Zimmer durchsuchen.

Oben: Der Auerhahn auf Erholungsreise
Gegenüber: Die Wiederansiedlung des Luchses ist sehr erfolgreich

Weit weniger umstritten ist die Wiederansiedlung des Luchses, die seit der Jahrtausendwende betrieben wird. 1818 wurde das letzte autochthone Exemplar dieser Gattung von jovialen Jägern erlegt. Zwischen Sommer 2000 und Herbst 2006 wurden 24 Luchse in die Freiheit entlassen, schon 2002 wurde der Nachweis von wild geborenem Nachwuchs erbracht; langfristig ist eine Vereinigung mit anderen Populationen gewünscht, zum Beispiel mit Tieren aus dem bayerisch-böhmischen Grenzgebiet. Wanderer müssen übrigens keine Angst vor den scheuen Katzen haben, denn der Luchs, der auf Lichtungen und an Bächen seiner Beute auflauert, hat sich auf kleinere Nagetiere wie Mäuse als Jagdbeute kapriziert, wenngleich auch ausgewachsene Rehe ihnen zum Opfer fallen.

Bedenkt man, dass Luchse Reviere von mindestens 100 Quadratkilometern für sich beanspruchen und bei Beutezügen bis zu 40 Kilometer am Tag zurücklegen, wird der Wert des Luchsschaugeheges an der Rabenklippe und des Luchsinformationszentrums im Haus der Natur in Bad Harzburg deutlich. Sonst müsste man doch sehr viel Zeit und den unbedingten Willen zur uneingeschränkten Mobilität auf sich nehmen, um der Tiere ansichtig zu werden.

Obwohl die Rückkehr des Luchses als großer Erfolg angesehen wird, stehen viele Menschen der sich im Planungsstadium befindenden Wiederansiedlung von Bären und Wölfen mit Skepsis gegenüber. Sie befürchten, dass von den Raubtieren eine Gefahr für Mensch und Tier ausgehen könnte. Auch die Wiederansiedlung des Auerhahns und -huhns wird derzeit forciert betrieben. Momentan lebt er im Harz vor allen Dingen im Wappen der Hasseröder Brauerei.

wandern und andere Verirrungen

Der Harz gilt seit alters her nicht nur als Hort der Erholung, sondern auch als Ort der Entdeckungen. Schon 1806 war in Friedrich Gottschalcks »Taschenbuch für Reisende in den Harz« zu lesen, dass die »Kenntnisse, welche man über den Harz erwerben kann, ... so mannigfach (sind), als es die Wissenschaften selbst sind. Am vorzüglichsten wird der Mineraloge, der Naturhistoriker, der Geologe, der Botaniker, der Altertumsforscher, der Historiker, der Forstmann, der Maler und jeder Freund der Natur, sich befriedigt fühlen.«[29]

Und schon in diesem frühen Reiseführer wurde empfohlen, den Harz per pedes zu entdecken. Was nicht alle, die diesem Ratschlag gefolgt sind, im Nachhinein als guten Ratschlag angesehen haben, wie man einem Brief von Adolf Glaßbrenner an den Verfasser des Guides entnehmen kann:

> Gottschalck, das werde ich Dir nie vergessen, so lange ich Hühneraugen habe! Du sagst in Deinem Werk über den Harz, man müsse um alle Schönheiten desselben zu genießen, ihn zu Fuß bereisen, und weil ich ihn zu Fuß bereiste, habe ich alle Schönheiten nicht genossen.[30]

Nun ist es vielleicht so, dass es nicht jedermann gegeben ist, die Wälder und Gipfel des Harzes zu Fuß zu erstürmen. Dies gilt zum Beispiel für den ungarischen Freizeit-Ethnologen Daniel Terek:

> Das Lied, welches eben noch aus 30 Kinderkehlen widerhallte, verstummte augenblicklich, als der Reisebus der Firma Melskotte auf den Parkplatz, der sich am Fuße des Wanderweges befand, einbog. Nasen drückten sich an der Fensterscheibe platt, um die Schönheit des Harzes auf ihre Besitzer wirken zu lassen: all die Wölbungen und Erhebungen, die die Kinder aus ihren flachen Heimat-

Wanderwege laden zum ... äh ... Wandern ein

Aber doch wenigstens zum Molkenhaus!?

Oma und Opa warten am Ausgang

Beliebte Freizeitbeschäftigung im Harz: Pilzvergiftung

dörfern nicht kannten. Es war, als ob die Erdoberfläche während ihrer Busfahrt gealtert wäre. Das kindlich glatte Land mit dem weiten Horizont, das sie von zuhause kannten, war einer zerklüfteten Landschaft gewichen, welche dalag wie das von Akne übersäte Gesicht eines pubertierenden Teenagers. Täler, die sich wie Narben über die Haut zogen, wuchtige Berge, die wie zum Bersten gefüllte Eiterbeutel über der Landschaft thronten und einige Tannenskelette, die wie der erste Flaum eines Knaben hier und da in die Höhe ragten. (...)
Unsere Expedition hinauf zum Molkenhaus Bad Harzburg konnte beginnen. Einige Zeit später: Meine Füße schmerzten, ich keuchte und schnappte nach Luft, die Augenbrauen, von der Natur irgendwann mal als eine Art Staudamm konzipiert, versagten völlig, und ein Sturzbach aus Schweiß rann in meine Augen, sodass ich nichts mehr sehen konnte. »Wenn es hier wirklich eine schöne Landschaft geben sollte, ich würde davon nichts mitbekommen«, dachte ich mir, als ich als letzter über den Parkplatz geschlurft und am Beginn des Wanderweges ankam. Wandern, habe ich festgestellt, war relativ ähnlich dem Gehen. (...)
Am Molkenhaus angekommen bot sich uns eine Aussicht, die uns für unsere Mühen entlohnen sollte. Es war der erste Dumping-Lohn meines Lebens. Ich blickte mich um: Bäume, Vögel, Gras, andere Bäume, 'ne Hütte, Steine, Käfer – nichts, was ich nicht vorher schon mal im Fernsehen gesehen hätte. Unser Lehrer deutete mit den Worten »Was für ein Ausblick!« auf einen anderen, höheren Berg. Ich war also auf einen Berg geklettert, um mir einen anderen Berg anzuschauen. (...)
Es war der Moment, in dem ich folgende Lektion begriff: »Manchmal ist der Weg das Ziel, und das Ziel ist Kacke.«[31]

Ich wage zu bezweifeln, dass Herrn Terek die Bedeutung des Wanderns wirklich voll verständlich geworden ist, zumindest ist ihm die Zen-buddhistische Wahrheit des Satzes »Der Weg ist das Ziel« noch nicht bewusst – denn darum geht es doch beim Wandern: Den Weg um des Weges wegen zurückzulegen (und auch, weil am Ende desselben ein Ausflugslokal wartet). Das weiß auch Achill Moser:

> »Entschleunigung« ist für mich seit Jahren ein Zauber-wort.[32] Sich reduzieren, auf die eigene Körperkraft besin-nen und das Zu-Fuß-Gehen neu lernen, statt den gesell-schaftlichen Vorgaben von »weiter und mehr, schneller und höher« zu folgen.[33]

Der Weg ist also das Ziel. Diese Weisheit legt aber auch nahe, dass derselbe Weg immer ein anderer ist – je nachdem, wer ihn wie zurücklegt:

> Von Zeit zu Zeit trafen wir auch andere Fußreisende: schweigsame Wanderer, hagere Jogger, schnatternde Pär-chen, heitere Großfamilien, schnaufende Heimatausflüg-ler, beleibte Strohhutträger, schwitzende Nordic-Walker und auch Menschen, die das Wandern anscheinend zu ihrem Beruf gemacht hatten und die mit Lodenjacken und Umhängen, Kniehosen und Kniestrümpfen, Spa-zierstock und Brotbeutel unterwegs waren. In diesen Augenblicken kam es mir vor, als wären wir in einen al-ten Heimatfilm geraten. Und mir wurde zuweilen angst und bange, wenn ich daran dachte, was passieren würde, wenn das einfache Wandern ausschließlich zu einer Art Massentrimmen verkommt, bei dem es vor allem um An-stecknadeln, Urkunden und Stempel geht.[34]

Recht hat er, der Herr Moser mit seinem Gemoser. 222 Natur-denkmäler, Aussichtspunkte, gastronomische Einrichtungen und geschichtsträchtige Orte gibt es mittlerweile, an denen man sich Stempel in seinen Wanderpass drücken lassen kann, um die Harzer Wandernadel zu erwerben und in ferner Zukunft vielleicht sogar einmal Wanderkaiser zu werden. Dazu dienen

unter anderem der Harzer Grenzweg, der Harzrundweg (der eigentlich für Radfahrer gedacht ist), der Wanderweg Nordsee-Harz-Masuren, der Karstwanderweg im Biosphärenreservat Karstlandschaft Südharz, der Calenberg-Harz-Weg, die Wege am Grünen Band, die Wege deutscher Kaiser und Könige des Mittelalters im Harz, der Bode-Selke-Stieg, der Selketag-Stieg, die Themenroute Historische Grenzen und natürlich die Brockenumgehung. Nicht zu vergessen die Straße der Romanik, welche nicht mit der Straße der Romantik verwechselt werden sollte. Sogar der ehemalige Todesstreifen ist als Wanderweg

Oben: Aufregene Vergnügungsparks sorgen für turbulente Sonntagnachmittage

wiederbelebt worden, wenn auch von Minen und Selbstschuss-
anlagen weitestgehend befreit. Wobei auch heutzutage auf dem
Grünen Band durchaus von der Schusswaffe Gebrauch gemacht
wird. Die Opfer sind jedoch meistens Rehe und andere Wildge-
richt-kompatible Lebewesen.

Der Harzer Hexenstieg gilt als einer der schönsten und
jüngsten (eröffnet 2003) Weitwanderwege Deutschlands. 97
Kilometer ist er lang und führt von Osterode über Torfhaus
und den Brocken ins östliche Bodetal nach Thale. Hier gibt es
alles, was des Wanderers Auge erfreut: Natur, Burg(ruin)en,
Schlösser, Bergbaugruben und herrliche Fernblicke in die nord-
deutsche Tiefebene. Der vielleicht originellste Wanderweg ist
der Naturistenstieg nahe der Talsperre Wippra. Hier darf der
Wanderer die Natur textilfrei erkunden. Wenn Sie hingegen auf
Goethes Spuren wandern wollen, sollten Sie den Goetheweg
meiden, denn diesen hat der Meister gar nicht genommen.

Die Hauptwanderzeit im Harz ist in den Monaten von April
bis November, in den Wintermonaten sollte man sich anderen
Vergnügungen hingeben, beispielsweise dem Ski(lang)lau-
fen, dem Skispringen, dem Snowboarding, dem Rodeln, dem
Schlittschuhlaufen und dem Schlittenhunderennen.

Aber auch wer weder wandern, noch dem Wintersport frö-
nen will, kommt im Harz auf seine zumeist in Euro zu bezahlen-
den Kosten: Radfahren, Angeln, Minigolfen, Golfen, Schwim-
men, Tauchen, Kanufahren, Skaten, Skiken, Nordic Walking
– hier geht alles, sogar Geocaching und Rumhänging.

Beliebt ist der Harz auch bei Motorradfahrern – auch wenn
der Harz umgekehrt die Motorradfahrer nicht zu lieben scheint,
denn die Zahl der verunglückten Biker ist Legion. Insbesondere
die Schönwettertage gelten als unfallträchtig, sieht doch manch
Kradfahrer keine Notwendigkeit, vorsichtig zu fahren, sondern
heizt die Bergstraßen rauf und runter, um dann doch keine Sonne zu sehen beziehungsweise von ihr geblendet zu werden, und
also dann sein Leben übereilt an einem Baume zu beenden.

In und um Bad Harzburg

»Wahres Glück« verspricht die Wolters-Dose im Eintracht-Design dem Mann, der vor mir in der Reihe steht, hier im Drogeriemarkt am Braunschweiger Hauptbahnhof, morgens um acht. Er versucht verzweifelt, ein Gespräch mit der Verkäuferin anzufangen. Aber sie will nicht so recht, hat auch gar keine Zeit, weil gerade großer Andrang herrscht. Alle wollen noch schnell ein Getränk oder einen Snack für die Zugfahrt nach Wolfenbüttel oder Bad Harzburg erwerben. Und da der gute Mann einen etwas lädierten Eindruck macht und ehrlich gesagt sogar ein bisschen müffelt, nämlich nach Alkohol und mangelnder Körperpflege und selten gewaschenen Klamotten, möchte sie wahrscheinlich auch grundsätzlich keinen privaten Kontakt zu ihm aufnehmen.

In dem Bummelzug selbst sitzen hauptsächlich Lehrer und Schüler, und man weiß nicht, wer kindischer ist.

Als ich um 9.00 Uhr in Bad Harzburg ankomme, muss ich feststellen, dass noch nichts los ist an diesem Dezembertag in der Stadt. Die Flaniermeile, die Herzog-Wilhelm-Straße, trägt die Pracht vergangener Zeiten zur Schau, doch der Leerstand einiger Läden lässt ahnen, dass die ganz großen Zeiten des Kurorts vorbei sind. Der Kaiser hat schon lange abgedankt, und die oberen Zehntausend der Berliner Republik verbringen ihren Urlaub ich weiß nicht wo, ganz sicher aber nicht in Bad Harzburg.

Und vielleicht setzt man jetzt auf eine andere Zielgruppe, indem man versucht, junge, hoffnungsvolle und vor allem zahlungskräftige Familien hierher zu locken. Ob das gelingt? In der Touristeninfo am Seilbahnberg empfängt mich jedenfalls o du fröhliche Weihnachtsmusik, obwohl der Advent noch auf sich warten lässt, gefühlt jedenfalls, denn die Sonne scheint und verbreitet eher eine Art Goldener-Oktober-Atmosphäre.

In Bad Harzburg findet jeder Kurgast die Ruhe, die er braucht, ...

... und die
größte Trink-
halle der Welt.

Danach stehe ich zweifelnd vor der Seilbahn, denn ich bin nicht schwindelfrei, aber da die Fahrt nur drei Minuten dauern soll und die Bahn auch gar nicht sooo hoch wirkt, will ich es trotzdem wagen. Und tatsächlich, als wir dann losfahren – außer mir sind noch vier andere Menschen in der Gondel sowie ein Hund beziehungsweise eine Hündin (»Obwohl es ja immer *der* Hund heißt, auch wenn sie weiblich sind«, wie sich der Halter beklagt, woraufhin ich erwidere, dass es ja auch *der* Mensch heißt, auch wenn er eine Frau ist, was aber niemanden weiter zu interessieren scheint, da der Hund respektive die Hündin die ganze Aufmerksamkeit auf sich zieht) – stelle ich fest, dass die Fahrt durchaus schön ist. Ich hätte glatt Lust, noch ein paar Mal rauf und runter zu fahren, sogar der Brocken lässt sich heute blicken und grüßt freundlich aus der Ferne.

Von der Harzburg, die man auf dem Berg besichtigen kann, ist kaum noch etwas zu sehen, nur ein paar Mauer- und Turmreste, aber man hat von hier aus einen wunderschönen Ausblick auf das Stadtbild von Bad Harzburg, das recht beschaulich wirkt, auch wenn einige nur mittelattraktive Hochhäuschen daraus hervorragen.

Ich habe mir vorher keine Gedanken gemacht, wo ich hinwandern könnte, denn am schönsten ist es, sich einfach treiben zu lassen. Und so folge ich den Empfehlungen eines älteren Ehepaares, das mit mir heraufgefahren ist, und einem Schild, das mir den Weg zum Kreuz des deutschen Ostens weist. »Das klingt gut!«, sagte ich, als mir der Herr empfahl, meine Schritte dorthin zu lenken. Erst später fiel mir auf, dass das unter Umständen missverständlich war, denn es klang vielleicht so, als hätte ich Sympathien für die nicht enden wollenden Klagereden irgendwelcher Vertriebenenfunktionäre der dritten Generation. Die habe ich aber nicht, sondern bin vielmehr von Kindesbeinen an der versöhnlichen Philosophie meiner Mutter gefolgt, die als Kind aus Pommern flüchten musste, ohne aus dieser Tatsache Rachegelüste zu schüren. Ich meinte damit nur, dass es beim Kreuz des deutschen Ostens sicherlich die Möglichkeit gäbe, schöne Fotos zu schießen.

Liebevolle Rekonstruktion ...

... der Schlacht um die Harzburg ...

... wenn auch voller historischer ...

... und zoologischer Fehler ...

... manchmal auch unnötig grausam ...

... und albern.

Dort angekommen stelle ich fest, dass man hier auch gut rasten kann beziehungsweise könnte, denn außer einer Flasche Multivitaminsaft habe ich nichts mitgenommen. Alles andere wäre ein Zuviel an Vorbereitung gewesen.

Außer mir sind nur wenige Menschen zu sehen, zumeist Rentner, aber auch eine kleine private Führung eines Ortskundigen scheint es heute zu geben. Die wenigen, die unterwegs sind, trifft man immer wieder, selbst dann, wenn man in unterschiedliche Richtungen geht.

Mein nächstes spontan ausgesuchtes Ziel sind die Rabenklippen, auch wenn die geschäftigen Leute, die dort mit Sanierungsarbeiten am Ausflugslokal zugange sind, eher abschreckend auf mich wirken. Sogleich kehre ich um, nur um über einen kleinen Umweg doch dorthin zu gelangen, wobei ich auch noch auf das viel gerühmte Luchsschaugehege treffe, das jedoch heute seine Funktion nicht erfüllt, denn die Großkatzen halten sich bedeckt und versteckt. Vielleicht liegt es auch an den emsigen Waldarbeitern, die mit dem Fällen von Bäumen ein wenig Unruhe in den Wald bringen.

Also gehe ich weiter, Richtung Molkenhaus, und passiere einen Rastplatz mit Köhlerhütte. Ab und zu wird die himmlische Stille durch das hymnische Singen der Motorsägen in der Ferne durchbrochen. Die berühmte Ausflugsgaststätte ist so menschenleer, wie ich es erhofft hatte. Das Angebot an vegetarischem Essen besteht im Wesentlichen aus Süßspeisen und Salat ohne Putenbruststreifen. Ich entscheide mich für zweites und bekomme eine mehr als ordentliche Portion gereicht, die meinen Hunger zu stillen durchaus in der Lage ist. Aus dem kaminwarmen Gastraum heraus lässt sich die Idylle der Waldlandschaft samt der Düsenflugzeugkondensstreifen am Firmament besonders gut betrachten, zudem der Kaffee (im Kännchen serviert natürlich) mundet und die moderne poppig-soulige Easy-Listening-Musik das Hirschgeweih-Interieur aufs Angenehmste kontrastiert.

Schließlich breche ich doch auf, wende mich wieder gen Bad Harzburg. Über die vermatschten Wege geht es hinunter,

in den Gräben deutet der Schnee den Winter an, und da auch der Himmel zuzieht, bin ich noch mal besonders froh, heute schon so früh losgefahren zu sein.

Im Märchenwald sind heute keine Kinder, und selbst der Kletterpark hat geschlossen, doch die Flaniermeile unten im Ort ist ein wenig belebter, auch am beliebten Jungbrunnen hat sich die Zielgruppe inzwischen eingefunden. In einem Andenkenladen will ich das eine oder andere Mitbringsel für meine Lieben erwerben, doch meine Suche bleibt vergeblich, denn es gibt nichts, was ohne Fleisch, Milch oder Honig wäre. Das schränkt die Auswahl erheblich ein, da sich meine Frau vegan ernährt. Und die Schokolade enthält entweder Alkohol oder ist in eine anzügliche Verpackung mit ausgezogenen jungen Damen drauf eingewickelt, die ich auch meinen Kindern nicht schenken kann.

Ohne Präsente in den Taschen, aber die Schönheit des Harzes im Herzen, winke ich aus dem Zug Bad Harzburg noch einmal fröhlich zu, während mir gegenüber ein Mann Platz nimmt, der eine Dose »Wahres Glück« aus der Eintracht-Braunschweig-Edition der Brauerei Wolters in der Hand hält, mit der er mir melancholisch zuprostet.

Oben: Weltberühmt: die Bad Harzburger Galopprennbahn

Der Bergbau ruft, der Vogel rollt

Wanderer, kommst du in den Harz, so eile nicht mehr als nötig, sondern verweile so lang wie möglich, denn hier findest du alles, was das Herz begehrt: Natur, Kultur und Zivilisation. Der Harz ist konzentriertes Mitteleuropa. Und der Abbau seiner natürlichen Ressourcen ist Teil der europäischen Erfolgsgeschichte.

Womit wir beim Bergbau angekommen wären, der im Harz seit der Bronzezeit betrieben wird. Silber, Eisenerze, Kupfer, Blei, Zink und andere Mineralvorkommen waren es, die hier gesucht, gefunden und abgebaut wurden.

Im Unterharz und bei Goslar wurde der Bergbau übrigens schon viel früher betrieben als im Oberharz (auf der Burgruine Pippinsburg wurde zum Beispiel 4.500 Jahre alter Bronzeschmuck entdeckt), wo erst ab 1200 gebuddelt wurde – um jedoch vom 14. bis zum Beginn des 16. Jahrhunderts fast vollständig zum Erliegen zu kommen. Schuld daran waren die apokalyptischen Reiter Pest, Krieg und technische Probleme, deren Beseitigung ab 1520 zur Blütezeit des Harzer Bergbaus führte. Insbesondere der Abbau von Blei und Silber war viele Jahrhunderte lang äußerst lukrativ. Im 16., 17. und 18. Jahrhundert wurden hier bis zu 70 Prozent der Steuereinnahmen des Königreiches Hannover erwirtschaftet.

Und was sind die Probleme, die typischerweise beim Bergbau auftreten? Weiß es jemand, weiß es die Klasse? Ja, bitte? Richtig: Die Schächte und Stollen müssen entwässert werden, was zunächst durch Abschöpfung mit Hilfe von Ledereimern erfolgte. Bei größerer Tiefe reicht dies jedoch nicht mehr aus, stattdessen baute man Wasserlösungsstollen, was jedoch nur mäßig befriedigend war, da man später wieder auf dasselbe Wasser stieß. Lösung: Fight Fire With Fire oder: »Wasser durch Wasser heben«.

Das Ergebnis war ein technisches Meisterwerk, welches noch heute zu bewundern ist: das Oberharzer Wasserregal: Insgesamt wurden 143 Teiche, 30 Kilometer unterirdische Wasserläufe und 500 Kilometer Gräben angelegt. Davon werden noch heute 65 Teiche und 70 Kilometer Gräben sowie 20 Kilometer Wasserläufe von den Harzwasserwerken in Betrieb gehalten. Der Grundsatz beim Bau dieser Anlagen war einfach: Gräben und Läufe wurden »hochgehalten«, um später die Fallenergie zu nutzen – Wanderer müssen daher niemals klettern, wenn sie diesen Gräben folgen.

»Ward mir sauer«[35], notierte Goethe nach seiner Einfuhr in die Grube Samson. Der Bergbau ist eben nichts für zarte Dichtergemüter. Und tatsächlich war das Aufsuchen der Stollen eine zeitraubende und gefährliche Angelegenheit, weshalb man 1833 die »Fahrkunst« erfand, die aus einem System bestand, mit dessen Hilfe man die Ein- und Ausfuhrzeiten deutlich verkürzen und die Unfallzahlen herabsetzen konnte. Im Laufe der Jahre verzichtete man auch darauf, Kinder im Bergbau einzusetzen, obwohl diese doch, ihrer geringen Körpergröße sei Dank, so gut in die Stollen passen, als habe Gott sie nur dafür geschaffen. Im Rammelsberg arbeiteten übrigens niemals Kinder – das sei der Fairness halber erwähnt –, weil das Erz hier zu schwer und zu hart war, als dass die kleinen Hände[36] etwas hätten ausrichten können. Zu Anfang des 20. Jahrhunderts erschöpften sich die Gruben endgültig, 1992 wurde mit dem Schacht Knesebeck die letzte geschlossen.

Und das Oberharzer Wasserregal steht seit 1978 übrigens wo? Genau: unter Denkmalschutz. Und da gehört es auch hin.

Wer Bergbau im Harz sagt, muss auch Harzer Roller sagen. Und damit sollte er nicht den Käse meinen, der eigentlich nur Harzer Käse heißt, sondern den Vogel, der im Lateinischen Serinus canaria forma domestica und im Deutschen Kanarienvogel genannt wird.

Die ersten Kanarienvögel wurden ab 1730 durch Tiroler Bergleute in den Harz gebracht. Ob sie im Bergwerk tatsächlich als Sauerstoffmangelanzeiger dienten (die Vögel werden bei mangelnder Atemluft unruhig und fangen an zu schmatzen, woran man einen zu hohen Methangehalt und damit Explosi-

onsgefahr erkennen kann), darüber gehen die Meinungen aus-
einander. Zu teuer seien sie gewesen, behaupten einige Wissenschaftler – und ich bin geneigt, ihnen Glauben zu schenken –,
stattdessen habe man gefangengenommene einheimische Wild-
vögel benutzt.

Und während noch über diese Frage disputiert wird, wollen wir die Zeit nutzen, zu klären, warum der Harzer Roller so
heißt, wie er heißt. Etwa weil er so fett und rundgeformt ist und
deshalb die Schächte so schön herunterrollen kann? Natürlich
nicht, sondern aufgrund seines rollenden Gesangs:

> Das Lied eines Harzer Rollers besteht in der Hauptsache
> aus vier Strophen (Touren): Hohlrolle, Knorre, Pfeife
> und Hohlklingel. Die Hohlrolle ist das wichtigste Ele-
> ment. Dabei singt der Vogel ein ›r‹ rollend in Verbindung
> mit den Vokalen ›ü‹, ›o‹ oder ›u‹, was dann z.B. wie
> ›rururu‹ klingt. Zur Knorre geht der Sänger in den Bass.
> Besonders geschätzt wird hier ein tiefes ›krruruuruu‹.
> Die Hohlklingel entsteht durch ein ›l‹ in Verbindung
> mit den Vokalen. Der Vogel singt ›lülülü‹ oder ›lololo‹
> bis zum tiefen ›lululu‹ in leicht abgesetzter Form. Bei
> der Pfeife gibt es deutlich abgesetzte weiche Einzeltöne in
> Verbindung mit dem ›d‹, was sich anhört wie ›du‹ oder
> ›dou‹, oft am Ende eines Konzertes. Benutzt der Vogel
> bei seinem Lied ein ›li‹, so nennt man das eine Klingel
> oder als ›ri‹ ein Klingelrolle. Es gibt auch sogenannte
> Nebentouren: Glucke, Schockel und Wassertour.[37]

Während Sie sich sicherlich diese Worte auf der verknoteten
Zunge zergehen lassen, möchte ich noch die Information wei-
tergeben, dass Ende des 19. Jahrhunderts immerhin 350 Harzer
Familien die Zucht von Kanarienvögeln betrieben und dass es
in Sankt Andreasberg ein Museum gibt, das dem Harzer Roller
gewidmet ist.

Ich danke fürs Zuhören und wende mich nun dem nächsten Themenkomplex zu: den Schaubergwerken, von denen das

Oberharzer Bergwerksmuseum in Clausthal-Zellerfeld als eines der schönsten zu nennen ich die Ehre habe. Schon Heinrich Heine hat es sich nicht nehmen lassen, die dortigen Gruben Dorothea und Karolina einer persönlichen Inspektion zu unterziehen:

> Das ist die schmutzigste und unerfreulichste Karolina, die ich je kennengelernt habe. Die Leitersprossen sind kotig nass. Und von einer Leiter zur andern geht's hinab, und der Steiger voran, und dieser beteuert immer, es sei gar nicht gefährlich, nur müsse man sich mit den Händen fest an den Sprossen halten und nicht nach den Füßen sehen und nicht schwindlig werden und nur beileibe nicht auf das Seitenbrett treten, wo jetzt das schnurrende Tonnenseil heraufgeht und wo vor vierzehn Tagen ein unvorsichtiger Mensch hinuntergestürzt und leider den Hals gebrochen. (...) Ich habe keinen Anflug von so genannter Angst empfunden, aber, seltsam genug, dort unten in der Tiefe erinnerte ich mich, dass ich im vorigen Jahre, ungefähr um dieselbe Zeit, einen Sturm auf der Nordsee erlebte, und ich meinte jetzt, es sei doch eigentlich recht traulich angenehm, wenn das Schiff hin- und herschaukelt, die Winde ihre Trompeterstückchen losblasen, zwischendrein der lustige Matrosenlärm erschallt und alles frisch überschauert wird von Gottes lieber, freier Luft. Ja, Luft![38]

Kommen wir nun zum Rammelsberg bei Goslar, wo seit 968 Bergbau betrieben wird, und beauftragen Herrn Andersen, uns Rapport zu erstatten:

> Wir mussten uns oft ganz tief bücken, wegen der herabhängenden Felsblöcke; ein Gang durchkreuzte den anderen, und der Führer schien oft ganz zu verschwinden. Plötzlich brauste es über unseren Köpfen, es war, als ob der ganze Berg zusammenstürzte. Ich sagte kein Wort, schmiegte mich aber fest an meinen Begleiter, der mir

nun erklärte, dass dies eine Schleuse sei, die man oben öffnete und die ein Rad in Bewegung setzte, mit dem die Erzstücke aus den untersten Gruben herausbefördert würden.[39]

Über das Oberharzer Wasserregal und andere Wasserwirtschaftsanlagen im Harz haben wir ja schon gesprochen, aber für erwähnenswert halte ich noch, dass hier die älteste Talsperre Deutschlands zu finden ist, nämlich der Mittlere Pfauenteich bei Clausthal-Zellerfeld, der erstmals 1298 schriftlich erwähnt wurde. Der größte Stausee im Harz ist hingegen der Oderteich, der zu den um 1720 angelegten Anlagen gehört und bis in das 19. Jahrhundert hinein die größte Talsperre in ganz Mitteleuropa war.

Im 20. Jahrhundert wurden weitere 17 Talsperren angelegt, die dem Hochwasserschutz, der Gewinnung von Trinkwasser, der Erzeugung von Energie und als Naherholungsgebiete dienen. Nach ästhetischen Gesichtspunkten kann man sie übrigens durchaus als gelungen bezeichnen:

> Rautenförmige, an den Rändern leicht ausfransende Sonnenflecken auf dem bemoosten Wurzelboden, vier mal zwei Schmetterlinge und drei Vögel, die umeinander kreisend, immer höher steigen. Man sieht die wenigen Autos, die die Talsperre befahren, als kleine, kurz aufblinkende Punkte. Ein sehr, das muß man so sagen und stets darauf beharren, schöner Ort.[40]

Achill Moser wird Herrn Kuhlig sicherlich zustimmen, bringt aber am Beispiel der Rappbodetalsperre – die am höchsten gelegene Trinkwassertalsperre Deutschlands – einen kleinen Einwand, über den wir heute Abend vorm Zubettgehen in aller Ruhe nachdenken sollten:

> Auf der anderen Seite der Staumauer erstreckte sich in der Tiefe ein wunderschönes Tal mit herrlichen Baum-

kulissen und den blauen Fluten des Flusses, in denen ein
winziger Dampfer seine schäumende Spur zog. Darüber
schwebte ein Fischadler, breit und dunkel, ganz flach in
der Luft, mit ausgebreiteten Schwingen. Doch dies war
keine malerische Idylle, auch kein Kontrast zwischen Natur und Zivilisation, eher eine Symbiose. Das eine lebte
und profitierte vom anderen: die Illusion der Urtümlich-
keit.[41]

Und tatsächlich macht genau diese Ambivalenz den Harz so
interessant und einzigartig und ist typisch für ihn: Natur und
Kultur gehen ineinander über, die Grenzen verwischen, und es
ist nicht mehr zu erkennen, wo was anfängt und wo was auf-
hört. Und selbst da, wo der Eingriff des Menschen offensichtlich ist, wirkt er so, als wäre er unbedingt nötig gewesen, um der
Landschaft erst die ihr gemäße Form zu geben.

Wobei die Eingriffe in die Natur des angeblich vernunftbe-
gabten Lebewesens, das Mensch genannt wird, nicht unumstrit-
ten sind. Bei der Errichtung der Okertalsperre musste beispielsweise eine ganze Ortschaft – Schulenberg – umgesiedelt werden. Wenn die Talsperre wenig Wasser führt, werden Reste des
alten Ortes wieder sichtbar. Oder nehmen wir den Wurmberg,
der mit Skilanzen zwangsbeschneit wird, um auch bei höheren
Temperaturen den wintersportelnden Gästen die Möglichkeit
zu bieten, sich den Berg hinunterzustürzen. Dazu war es unter
anderem nötig, ein 45.000 Kubikmeter fassendes, bis zu zwölf
Meter tiefes Wasserreservoir, den Schnei-See, anzulegen. Weitere Schneisen in die Natur wurden für zusätzliche Skipisten geschlagen. Und zwar nicht nur am Wurmberg, sondern auch an
anderen Orten im Harz. In den letzten Jahren scheint im Harz
sowieso eine Art Aufbruch- oder Goldgräberstimmung vorzu-
herrschen – je nachdem, ob man diese Eingriffe eher positiv oder
negativ sehen möchte. Der Harz ist dabei, sein etwas betuliches
Wandervogel-trifft-auf-Kurschatten-Image abzuschütteln – der
Naturschutz droht dabei zumindest partiell, unter die Räder
beziehungsweise Skier und Kufen zu kommen.

Von Einhörnern, Zwergen und Olmen

Bergwerke und Höhlen – sie stehen stellvertretend für die zwei Seiten des Harzes. Die im vorigen Kapitel beschriebenen Bergwerke repräsentieren den Menschen, der sich die Natur untertan macht und daher untertage geht, um dem Berg – fast zwergengleich – seine Schätze zu entreißen, damit er zurück an der Oberfläche weiter an der Nutzbarmachung des Weltballs und der Eroberung des Weltalls werkeln kann. Höhlen hingegen kann man durchaus als Sinnbilder für das Ursprüngliche, Wildwüchsige sehen, das im Harz immer noch – und künftig hoffentlich wieder vermehrt – zu sehen ist.

Von den Höhlen in den Gips-, Dolomit- und Kalksteinschichten sind einige 500.000 Jahre alt. In den Schauhöhlen kann man die Schönheit der Kristalle und die Formenvielfalt der Tropfsteine bewundern. Ist es der Wunsch nach Abwechslung, Spannung und Abenteuer oder ganz im Gegenteil die Sehnsucht nach Geborgenheit im Schoß von Mutter Erde, die uns immer wieder in die Höhlen treibt? Oder ist es ein Stück kollektiver Erinnerung an das Leben der Ur- und Steinzeitmenschen in den kühlen Hohlräumen, die die Erdkruste den Menschen als Zufluchtsort spendierte, das wir uns auf diese Weise zurückholen? Ja, mein Gott, ich weiß es doch auch nicht!

Vielleicht ist es an dieser Stelle auch gar nicht so wichtig. Kommen wir also von den abstrakten Überlegungen zur konkreten Inaugenscheinnahme einiger im Harz befindlicher Höhlen.

▲

Da hätten wir als erstes die BARBAROSSA-HÖHLE bei Rottleben in der Nähe von Bad Frankenhausen. Sie wurde erst am 23. Dezember 1865 bei Bergbauarbeiten zufällig entdeckt. Der ursprüngliche Name Falkenburger Höhle hatte nicht lange Bestand, stattdessen bürgerte sich schnell der Name Barbarossa-Höhle ein, obwohl der alte Herr hier gar nicht gefunden wurde. Die Bezeichnungen Grottensee, Dom, Karfreitagshalle, Höhlenterasse, Neptungrotte, Olymp und meinethalben auch Speckkammer lassen die Schönheit der Höhle mit ihren drei Seen vielleicht andeutungsweise erahnen. Elektrisches Licht sowie ein Eingangs- und ein Ausgangsstollen machen den Einstieg komfortabel.

▲

Die BAUMANNSHÖHLE gehört wie die Hermannshöhle zu den Rübeländer Tropfsteinhöhlen und ist in der Nähe von Elbingerode zu finden. Sie ist eine der ältesten deutschen Schauhöhlen, die erste organisierte Führung hat 1646 stattgefunden. Heutzutage sind alle Gänge und Gewölbe problemlos, um nicht zu sagen: bequem, zu Fuß erreichen – damals wurde man mit Körben und Seilwinden von einem Höhlenbereich in den anderen verbracht. Seit 1668 gibt es offizielle Führer, die den Besucher durch die Höhle führen, die angeblich 1536 durch einen Bergmann namens Baumann entdeckt wurde. Was diesem nicht gut bekam, da er mehrere Tage brauchte, um den Ausgang zu finden. Seine Entdeckung setzte ihm so zu, dass er am nächsten Tag erschöpft und entkräftet verstarb.

In den Anfangsjahren wussten sich nicht alle Besucher anständig zu benehmen, manch einer erdreistete sich, mit einer Pechfackel seinen verdammenswerten Namen an die Wand zu schreiben. Andere ließen es sich – Gott sei's geklagt – nicht nehmen, Tropfsteine abzubrechen und als Souvenir mitzunehmen, um sie daheim in seinem sicherlich sehr hässlichen Wohnzimmerschrank dem familiären Begaffen zu überantworten.

Erinnern Sie sich an Zar Peter I., den ich Ihnen im Kapitel über den Brocken vorgestellt habe? Auch er stattete der Baumannshöhle einen Besuch ab. Und vielleicht saß auch er dem Irrtum auf, in der Höhle Einhornknochen zu sehen, dabei handelt es sich doch nur (doch warum eigentlich »nur«?) um Überbleibsel von Höhlenbären.

Hans Christian Andersen gehörte ebenfalls zu den tollkühnen Entdeckern, die die Baumannshöhle erkundeten:

(E)iner der Reisenden fand hier einen Tierknochen, den er mit sehr viel Aufmerksamkeit betrachtete, und dann versicherte, dass es ganz gewiss ein Überbleibsel aus grauem Altertum sein müsse. Ich hatte nichts dagegen, denn er sah ganz natürlich wie ein Knochen von einer Kuh aus, und die Kühe sind von altem Geschlecht. (...)
Des unglücklichen Baumanns Schicksals und die Gefühle, die er hier gehabt haben muss, durchschauerten mich so lebhaft in diesem Labyrinth von Höhlen und Gängen, dass mein Herz viel stärker schlug; ich fühlte, wie es ihm hier hatte zumute sein müssen, allein, der Angst und dem Hungertode überlassen; erst als ich das helle Tageslicht Gottes blauen Himmel sah, fühlte ich mich wieder wohl und unter den Lebenden.[42]

Mittlerweile ist es so, dass jährlich über 200.000 Besucher die 1.980 Meter lange Höhle mit ihrer Palmengrotte, der Schildkrötenschlucht, der Säulenhalle und den Goethesaal, in dem es sogar Theateraufführungen gibt, besuchen.

▲

Kommen wir zur benachbarten HERMANNSHÖHLE, die zufällig 1866 bei Straßenbauarbeiten entdeckt wurde. Der ursprüngliche Name »Sechserding« – benannt nach dem Spitznamen des Entdeckers Wilhelm Angerstein, einem einfachen Arbeiter – wurde 1877 ungerechterweise in Hermannshöhle geändert, nach dem Geheimen Kammerrat Hermann Grotrian, der die Höhle wissenschaftlich erforschte.

Die größte Attraktion der fünf Stockwerke umfassenden Höhle ist der Olmensee, in dem die außergewöhnlich hässlichen Olme hausen, die vor einigen Jahrzehnten aus dem adriatischen Karst nach Deutschland eingeführt wurden – wozu auch immer das gut sein sollte.

▲

Einhornknochen vermutete man im Mittelalter nicht nur in der Baumannshöhle, sondern auch in der 600 Meter langen EINHORNHÖHLE bei Scharzfeld. Man sagte dem Gebein vielfältige Heilzwecke nach, vor allen Dingen sexualmedizinischer Natur. In der ersten schriftlichen Erwähnung im Jahre 1541 wurde die Höhle noch Zwerghöhle genannt, wenngleich Zwerge als Bewohner der Höhle bis heute nicht nachweisbar sind – Höhlenbären und Steinzeitmenschen hingegen schon.

▲

Ein schönes Beispiel dafür, wie Forschung nicht aussehen sollte, ist die STEINHÖHLE, die ebenfalls bei Scharzfeld liegt. Vor gut 1.000 Jahren wurde die natürliche Klufthöhle zu einer frühchristlichen Kirche umgestaltet: Kanzel, Altar, eine Wandnische für das Weihwasser sind noch erhalten, ebenso ein mittelalterlicher Friedhof mit zehn Gräbern sowie die Spuren eines Rastplatzes mit Feuerstelle aus der jüngeren Altsteinzeit. In der Nazizeit pachtete die SS die Steinkirche, da man sie als » altgermanische Weihestätte « halluzinierte. Als Folge der unsystematischen Grabungen des Ahnenerbes ist der Vorplatz heute stark verändert und liegt stellenweise mehr als einen Meter tiefer als noch zu Beginn der 30er-Jahre

▲

Bleiben wir bei den Nazis und besuchen die HEIMKEHLE bei Uftrungen in der Nähe von Stolberg. Sie wurde 1357 erstmals urkundlich erwähnt, ist aber erst seit 1920 für Besucher zugänglich. 1944 wurde sie für den Rüstungsbetrieb umgebaut,

was dazu führte, dass die Wasserbecken im Kleinen und Großen Dom trockengelegt wurden. 1.000 Häftlinge des KZs Dora
bauten hier Flugzeugteile für die Junkerswerke in Dessau; ein
Mahnmal im Kleinen Dom erinnert an sie.

▲

Die IBERGER TROPFSTEINHÖHLE bei Bad Grund mit dem
angeschlossenen HöhlenErlebnisZentrum gehört zu den meistbesuchten Sehenswürdigkeiten im Harz. Umfangreiche Unter-
suchungen haben ergeben, dass hier bereits vor Christi Geburt
Bergbau betrieben wurde. Wiederentdeckt wurde sie im 16.
Jahrhundert von Bergleuten auf der Suche nach Brauneisen. Das
HöhlenErlebnisZentrum besteht aus dem Museum *im* Berg, in
dem man über die Entstehungsgeschichte vom Iberg und seinen Höhlen aufgeklärt wird, und dem Museum *am* Berg, in
dem die 15 Kilometer von Bad Grund entfernt gelegene Lich-
tensteinhöhle nachgebildet wird. Die wiederum ist deshalb so
bedeutend, weil hier die Überreste von 60 Menschen aus der
Bronzezeit gefunden wurden, deren Nachfahren – und jetzt
kommt's! – nachgewiesenermaßen immer noch in der Region
leben. Das haben DNA-Analysen ergeben. Seit 120 Generatio-
nen! Mit anderen Worten: Seit 3.000 Jahren hat es die Familie
nicht geschafft, aus der Gegend von Bad Grund wegzukommen.
Das spricht entweder für die Schönheit des Harzes oder ist Ausdruck eines Phlegmas, das dieser Sippschaft eigen ist.

Männer am Harzhorn

Zwischen den Jahren ist traditionell die Zeit der Kontemplation und Meditation. Die beste Zeit also, um Ausstellungen zu besuchen. Daher begebe ich mich an einem trüben Wintertag in die Braunschweiger Innenstadt, um mir ein weiteres Mal die Ausstellung »Roms vergessener Feldzug – Die Schlacht am Harzhorn« im Landesmuseum anzuschauen. Beim letzten Mal war ich mit den Kindern da, diesmal werde ich mehr Ruhe und Muße haben, um mir auch das kleinste Detail zu Gemüte zu führen.

Irrtum! Die Ausstellung quillt über vor Besuchern. »Die Schlacht am Harzhorn« ist an diesem Sonntag wahrlich ein Hauen und Stechen. Vielleicht liegt es auch daran, dass der Weihnachtsmarkt zum letzten Mal in dieser Saison die mit Tannenzweigen geschmückten Tore öffnet. Alle wollen noch einmal Pferdewurst essen und Glühwein mit Schuss schlürfen – und gehen zum Aufwärmen ins Museum. Und vielleicht auch, um sich bildungsmäßig ein gutes Gewissen zu verschaffen.

Der Anlass für die Ausstellung ist folgender: Im Jahr 235 oder 236 fand am Höhenzug Harzhorn, der am Westrand des Harzes an der A7 gelegen ist, eine Schlacht statt. Oder vielmehr ein Scharmützel. Jedenfalls überfielen einige germanische Eingeborene einen römischen Heertross, der sich von Norden kommend auf dem Heimweg Richtung Limes befand. Was hatten die Römer zu dieser Zeit hier zu suchen? Schon 200 Jahre vorher waren sie doch von Arminius und seinen Mannen nach Hause geprügelt worden. War es eine Strafexpedition? Eine Aufstandsbekämpfungsmaßnahme? Ein friedenserhaltender Einsatz? Nichts Genaues weiß man nicht – sie schenkten der Nachwelt auf diese Weise aber das besterhaltene römische Schlachtfeld auf europäischem Boden, das erst im Jahr 2008 von Hobbyarchäologen entdeckt wurde.

Die Ausstellung ist jedenfalls sehr gut gemacht. Sie zeigt Exponate, die auf dem Schlachtfeld gefunden wurden, sowie Stücke aus anderen Museen, um das Gefecht in den Kontext der gemeinsamen römisch-germanischen Geschichte einzubinden.

Einerseits waren die germanischen Stämme sehr darum bemüht, nicht unter die römische Herrschaft zu kommen, andererseits fanden sie den Lebensstil der Südländer höchst attraktiv. Bis ins Hessische gelang es den Usurpatoren von der stiefelförmigen Halbinsel, Germanien in ihr Imperium zu integrieren – der nördliche Teil des heutigen Deutschlands blieb jedoch unabhängig. Man weiß nicht, wer es besser hatte.

Es gibt da diese schöne Szene in dem Monty Python-Film »Das Leben des Brian«, in der sich die unterworfenen Juden über die Schreckensherrschaft der Römer unterhalten – nur um immer neue Vorteile zu entdecken: »Den Aquädukt! Und die sanitären Einrichtungen! Und die schönen Straßen! Medizinische Versorgung! Schulwesen! Und der Wein! Die öffentlichen Bäder! Und jede Frau kann es wagen, nachts die Straße zu überqueren!«[43]. Im Laufe des Gesprächs beginnt man zu verstehen, was Dialektik ist: »Ja, *die* können Ordnung schaffen, denn wie es hier vorher ausgesehen hat, darüber wollen wir gar nicht reden!« Die unzweifelhaft harte Herrschaft der Römer bringt nämlich auch den technischen, kulturellen und gesellschaftlichen Fortschritt ins ungemütliche Germanien. Es ist ein bisschen so wie mit den USA. Natürlich sind die Vereinigten Staaten der mächtigste Staat der Welt. Natürlich ist ihre Außenpolitik aggressiv. Aber genauso offensichtlich sind auch die Segnungen der parlamentarischen Demokratie (die ja nach Deutschland zwangsimportiert werden musste), die Effizienz der kapitalistischen Wirtschaft und die Attraktivität der westlichen Kultur, die deshalb auch alle bereitwillig adaptiert werden. Der Antiamerikanismus hat in manchen Kreisen trotzdem Hochkonjunktur.

»So lange wird Germanien schon besiegt«, wird Tacitus auf einer Tafel am Beginn der Ausstellung zitiert. Und über hundert Jahre später besiegten die Römer immer noch die Germanen, ohne jemals ganz zu gewinnen. Die gemeinsame Geschichte der Römer und Germanen ist eben auch eine lange Aufzählung von Aufständen, Überfällen und Feldzügen. Und im Harzraum wollten die dort ansässigen Hermunduren, Sueben und Chatten die Römer nicht haben – korrespondiert diese germanische Renitenz mit der sprichwörtlichen norddeutschen Dickschädeligkeit? Oder ist das zu weit hergeholt?

Apropos Dickschädeligkeit: Zu viele Führungen versperren mir heute den Weg – statt Schwert und Speer benutzt man die Ellenbogen, um sich Platz zu verschaffen.

Auch das Römische Reich war ja eine ausgesprochene Ellenbogengesellschaft. Ab 235, dem Jahr, in dem vermutlich (so genau lässt sich das nicht datieren) die Schlacht am Harzhorn stattgefunden hat, begann die Zeit der Soldatenkaiser. Bis zum Jahr 284 gaben sich 66 (Möchtegern-)Kaiser die Klinke in die Hand. Einem einzigen von ihnen wurde das Glück zuteil, friedlich im hohen Alter sterben zu dürfen. Er war so klug gewesen, rechtzeitig auf seine Herrschaft zu verzichten. Ist das der Grund, warum Benedikt XVI. – der Ratzinger Joseph – zurückgetreten ist? Wen wundert es bei diesen Zuständen, dass damals der schöne Merkspruch »Es gibt alte Soldaten, und es gibt wagemutige Soldaten. Es gibt keine alten wagemutigen Soldaten.« formuliert wurde?

Das Leben der Germanen und vor allen Dingen der Römer wird sehr anschaulich dargestellt. Man kann sogar die überraschend schweren Kleidungsstücke und Ausrüstungsgegenstände der Legionäre im Originalgewicht an- und ausprobieren, um eine Vorstellung davon zu bekommen, wie die Soldaten von einem Krisenherd des Reiches zum nächsten gezogen sind, in einem Marschtempo, das die Bundeswehrangehörigen vor Neid erblassen lassen würde. Besonders schön ist eine Nachbildung des Schlachtfeldes, die das Geschehen nachvollziehbar macht.

Aber dann ist die Ausstellung auch schon vorbei. Im Gästebuch zeigen einige Besucher, dass sie sich schon ganz in die antike Welt eingelebt haben: »Veni, vidi, vici« (»Ich kam ich sah, ich siegte«), »Vae victis« (»Wehe den Besiegten«) und »Mihi placet« (»Gefällt mir«) heißt es da.

Gegenüber, in der Burg Dankwarderode, gibt es noch einen Wurmfortsatz der Ausstellung: »Caesaren, Helden & Heilige« über die Darstellung römischer Soldaten in der frühen Neuzeit. Die ausgestellten Gemälde, Elfenbeinfiguren und Porzellanteller zeigen die Legionäre so, wie die Künstler und Kunsthandwerker sie gerne gehabt hätten. Heroisch siegend, märtyrerhaft sterbend, manchmal beides gleichzeitig. Auch die germanischen Kontrahenten sind zu sehen. Hermann, der Schnabelschuhe und eine ausgesprochen alberne Tierkopfmütze trägt, mit seiner Tussy Thusnelda, zum Beispiel. Überhaupt sehen die Germanen oft so aus wie Tom Hanks bei »Wetten dass..?«. Einfach nur peinlich!

Manchmal scheinen die Artefakte auch einen ausgesprochen homoerotischen Touch zu haben. Leider umfasst die Begleitausstellung gerade einmal 80 Exponatchen, sodass ich anschließend noch Zeit habe, durch die große Ausstellung »Die Wiedergeburt der Antike« zu schlendern, um meine zwei Euro Eintritt abzuarbeiten. Am Ausgang kommt mir eine Museumsangestellte entgegen, die fröhlich »Ich wäre so gerne geblieben« singsangt. Das wäre ich auch, aber der Weihnachtsstress verlangt seinen Tribut, und die nächste Feierei steht schon in den Startlöchern. Carpe diem!

Jäger und Sammler, Bürger und Bauern

Die Wiege der Menschheit liegt bekanntlich im Harz. Beziehungsweise im Harzvorland. Oder zumindest doch in der Nähe des Harzvorlandes. Und eigentlich auch nicht die Wiege, sondern der Speer. Beziehungsweise die Speere. Um genau zu sein, sind es acht Speere. Die wurden nämlich in Schöningen im Landkreis Helmstedt gefunden und gelten als älteste Jagdwaffen der Menschheit. 300.000 Jahre alt sollen sie sein. Vor lauter Begeisterung hat man dort gleich das tolle Forschungs- und Erlebniszentrum paläon gegründet. Das allerdings niemand sehen will. Oder sehen kann. Weil es nicht zu erreichen ist. Jedenfalls nicht ohne Auto. Wer hingegen versucht, es mit öffentlichen Verkehrsmitteln zu erreichen – ja, das ist wirklich ein Erlebnis! Wenden wir deshalb den Blick ab von diesem Desaster und dem Harzvorland zu. Immerhin haben hier vor 100.000 Jahren, in der Altsteinzeit, ebenfalls schon erste Menschen gelebt. Und auch in den Karsthöhlen des Harzes wurden Lagerstätten von Jägern gefunden, die auf 50.000 v. Chr. datiert werden. Ab 5.000 v. Chr., in der Jungsteinzeit, gab es sogar erste bäuerliche Siedlungen am Nordrand des Harzes. Zur selben Zeit begann im Ostharz der Kupferabbau – was wieder mal zeigt, dass die Ossis den Wessis schon immer eine Nasenlänge voraus waren. Sagen die Ossis.

Um die Zeit von Christi Geburt herum verschlug es germanische Stämme in das Harzgebiet – die Hermunduren (Ossis) lebten im Osten, die Cherusker (Wessis) im Westen. Nicht zu vergessen: die Kelten (Ossis und Wessis) im Süden. Nur die Römer mochten hier nicht so recht heimisch werden beziehungsweise die, die schon da waren, mochten die Römer nicht ansässig werden lassen. Sie beschränkten ihre gelegentlichen Besuche daher auf Straffeldzüge und Werbeverkaufsfahrten, in denen sie wärmende Heizdecken und todbringende Schwerter anboten. Letzte kauften die Germanen gerne – und benutzten sie vornehmlich, um sie den Römern um die Ohren zu hauen. Eine klassische Win-Win-Situation[44].

▲

Ab 375 kam endlich Bewegung in die Sache und der Thüringer im Zuge der Völkerwanderung in den Ostharz. Ab 531 eroberten die Franken den westlichen Teil und griffen dabei auf die Hilfe hier lebender Sachsen zurück. Wohlgemerkt: Wir befinden uns immer noch mehr oder weniger im Harzvorland. Erst die nächsten drei Besiedlungswellen (um 800, 1071 – 1073, um 1520), sorgten dafür, dass auch der Harz selbst für die Menschen erschlossen wurde. Grundsatz: je höher die Lage, desto später die Besiedlung. Bis zum Jahr 755 wird nicht eine einzige Ortschaft im Oberharz erwähnt, der Harz ist vasta solitudo, eine weite Einöde. Noch heute deuten bestimmte Endungen in den Ortsnamen auf deren Entstehung hin:

»-hagen« bezeichnet einen umhegten Ort, »-feld« deutet auf eine Acker- und Wiesenlichtung hin, »-rode« benennt eine Rodung, und »-schwende« lässt annehmen, dass hier der Wald durch Feuer zum Verschwinden gebracht wurde.

Mit den Franken kam auch eine neue Weltanschauung: Karl der Große brachte im 8. Jahrhundert mittels diverser Feldzüge die Religion der Nächstenliebe, also das Christentum, in den Harz. Wo er schon mal da war, beanspruchte er ihn gleich als königlichen Forst. Und damit das Recht auf Jagd, Fischfang und Rodung. Also auf alles. Aus dieser Zeit stammen die Ortsnamen mit den Endungen »-hus«, »-husen« und »-hausen«. Weil Karl der Große hier hauste.

Mit Hilfe einfühlsamer pädagogischer Maßnahmen (Todesstrafe für die Verweigerung der Taufe, für Fleischgenuss während der Fastenzeit und für die Verbrennung der Toten) gelang es Karl schnell, das Christentum populär zu machen. Die Einführung des Kirchenzehnten, des Verbots von Volksversammlungen und die Abschaffung überkommener (gemeinschaftlicher) Wirtschaftsformen taten das ihrige, um die Beliebtheit des fränkischen Kaisers ins Unermessliche zu steigern. Wer den Kopf verlor und das anders sah, verlor allerdings auch schnell den Kopf. Und zwar endgültig.

Und trotzdem beharrten nicht wenige Sachsen auf ihren überkommenen Vorstellungen vom gesellschaftlichen Zusammenleben und wollten ihre ausrangierten Götter nicht so einfach aufs Altenteil schicken. Doch schon 18 Feldzüge später war auch der letzte Sachse überzeugt davon, dass die Herrschaft der Franken eine gute und gerechte Sache war, zudem die gottgefällige Hinrichtung von 4.500 Sachsen in Verden ein weiteres (kopfab)schlagendes Argument war. Widukind, der Anführer des sächsischen Widerstands, trat daher auch 785 in Attigny bereitwillig zum Christentum über. Karl der Große war sogar so freundlich, den Taufpaten zu geben. Ein netter Kerl, der Karl! Gut, na klar, das kann man jetzt auch alles wieder schlecht reden, aber immerhin war das auch die Zeit, in der diverse Klöster und Burgen gebaut wurden. Und erste Handelssiedlungen entstanden. Und Straßen, die diesen Namen auch halbwegs verdienten.

814 ging diese grandiose Epoche zu Ende: Als Karl der Große starb, brach ein großes Kuddelmuddel in seinem Riesenreich aus. Seine Nachfolger hatten alle Mühe, die Kontrolle über den von Feinden (also Ungarn, Slawen und dänischen Touristen ... äh ... Wikinger) umringten Harz zu behalten.

Erst Konrad I. von Franken, der 911 zum König des Ostfränkischen Reiches gewählt wurde, brachte ein bisschen Ruhe ins Reich. Er bestimmte den Liudolfinger Heinrich I. zu seinem Nachfolger, der 919 daher auch brav zum ersten deutschen König gewählt wurde. Der Sage nach hielt er sich im Harz auf (tatatata!), am Finkenherd in Quedlinburg, als ihn die Nachricht von seiner Wahl ereilte. In Wirklichkeit weilte er allerdings auf dem Reichstag zu Fritzlar, war also bei seiner Wahl persönlich anwesend.

Heinrich der Vogler (ein allzu naheliegendes Wortspiel erspare ich ihnen, liebe Leserinnen und Leser, an dieser Stelle) räumte jedenfalls erst mal auf, führte einige friedensstiftende

Feldzüge gegen die Ungarn und Slawen und errichtete nebenbei ein paar Pfalzen und Jagdhöfe im Harz, damit sein »Ottonen« genanntes Herrschaftsgeschlecht ein Dach über den Kopf hatte beziehungsweise wechselnde Dächer.

Seine Lieblingspfalz war der Quedlinburger Burgberg. Hier hielt er sich bevorzugt zur Osterzeit auf, um ausgedehnte Jagden in den Harz zu unternehmen. Und sich dem lustigen Leben hinzugeben, wie man sich noch heute an den Herdfeuern in den Katen des Harzes erzählt:

> Heinrich lässt sich bei einem Quedlinburger Barbier rasieren. Der Mann ist sehr aufgeregt und zittert ziemlich stark. Prompt schneidet er den König. Ein paar Tropfen Blut fließen.
>
> »Ja, ja, mein Freund«, sagt der Herrscher leutselig, »das kommt vom vielen Saufen!«
>
> »Jawoll, mein König!«, katzbuckelt der Barbier. »Davon wird die Haut spröde ...«[45]

Bei einem jener Jagdausflüge erlitt Heinrich im Jahr 935 einen Schlaganfall, dem er im folgenden Jahr auf der Pfalz Memleben erlag. Begraben ist er in Quedlinburg, wo sonst?

Sein Nachfolger war der 912 geborene Otto I., der 936 im Aachener Dom zum König gekrönt wurde und damit in die Fußstapfen Karls des Großen trat. Weshalb man ihn auch Otto den Großen nannte. Seine Mutter Mathilde hatte ebenfalls Großes vor und gründete einen Damenstift in Quedlinburg. Sie überlebte ihren Gatten um 32 Jahre, vermutlich weil sie Jagden und Schlaganfälle mied.

Wie dem auch sei: 955 besiegte Ottochen bei der Schlacht auf dem Lechfeld die Ungarn und führte außerdem ein paar als Feldzüge getarnte Urlaubsreisen nach Italien durch – heutzutage ist es ja eher andersherum: Feldzüge werden als Urlaubsreisen getarnt.

962 ließ er sich schließlich in Rom zum Kaiser krönen – und machte damit deutlich, wer in Europa das Sagen hat. Elf

Jahre später luden er und seine Frau Adelheid zu einem großen Reichstag in Quedlinburg ein, zu dem Fürsten aus halb Europa und Byzanz kamen. Jedoch auch Gevatter Tod, denn ein paar Tage später verstarb er.

Doch zum Glück war die Bande nach Byzanz schon geknüpft: Schon im Jahr zuvor hatte sein Sohn, der ebenfalls auf den Namen Otto hörte, taktisch klug die byzantinische Prinzessin Theophano geheiratet, die schon im nächsten Jahr Kaiserin wurde. Allerdings starb ihr Mann im Jahre 983 in Rom an der Malaria.

Theophanos und Ottos Sohn, den man der Einfachheit halber ebenfalls Otto nannte und mit einer III. nummerierte, war zu diesem Zeitpunkt erst drei Jahre alt, weshalb ein weibliches Triumvirat die Macht im Lande übernahm: die Altkaiserin Adelheid, ihre Tochter Mathilde (die Äbtissin von Quedlinburg) und Kaiserin Theophano. Das rief den Herzog von Bayern auf den Plan, der bezeichnenderweise Heinrich der Zänker hieß und den Königstitel für sich beanspruchte. Eine Forderung, deren Dringlichkeit er unterstrich, indem er den kleinen Otto, der gerade zur Ausbildung beim Erzbischof Warin von Köln weilte, entführen ließ. Kurz entschlossen brachen die drei Frauen ihre Sommerfrische in Italien ab und holten sich Kind und Königstitel zurück.

Da Theophano auch jung starb, wurde Otto III. schon im zarten Alter von 14 Jahren Regent des Reiches, ließ sich bei seiner Arbeit aber von seiner Tante Mathilde als Reichsverweserin unterstützen, während er selbst am liebsten in Rom weilte.

Im Jahr 1000 wollte er jedoch noch mal richtig einen drauf machen und lud zu Ostern zu einem Milleniumsreichstag in Quedlinburg ein. Die Folge: Der Harz blutete aus, da gut 1.000 kaiserliche Gefolgsleute zu versorgen waren. Zwei Jahre später starb auch Otto III. in der Burg Paterno in Italien und wurde in Aachen beigesetzt.

Und wer wurde sein Nachfolger? Genau: Heinrich II., der Sohn des Zänkers und ihm in jeder Hinsicht ähnlich. Sein größter Coup: Er nahm den Bischof Heribert von Köln in Beuge-

Standhafter Ritter

Geschäftiger Ritter

haft, um die Heilige Lanze und den Königstitel zu bekommen. Aus Dankbarkeit sprach ihn die Kirche 1146 heilig.

Nach dessen Tod 1024 übernahmen die fränkischen und zänkischen Salier die Herrschaft im Harzraum, Goslar wurde das Oberzentrum der Region. Ein Status, den die Stadt bis heute innehat. Bis zum Jahr 1125 konnten sie sich an der Macht halten. Sie merken schon – die Geschichte des Harzes ist eine komplizierte Angelegenheit.

Um 1150 betrat eine weitere wichtige Figur die Bühne der Geschichte. Der Welfenherzog Heinrich der Löwe, der über Bayern und Sachsen herrschte, schwang sich zum Bestimmer auf, was wiederum den einen oder anderen Machtkampf zur Folge hatte. Die unbotmäßigen Städte Osterode, Halberstadt und Nordhausen ließ er deshalb klug argumentierend zerstören. Trotzdem oder gerade deswegen siegte sein Gegenspieler Barbarossa und entmachtete ihn 1181. In der Folgezeit kam es endlich mal wieder zu Machtkämpfen, diesmal bedingt durch den Zerfall in verschiedene weltliche und geistliche Territorien. Was für ein Chaos!

Die Pest brachte im Jahr 1348 ein bisschen Abwechslung in die ewigen Fehden. Und den Bergbau zum Erliegen. So gingen die Jahrhunderte dahin – Fehden, Feldzüge und Seuchen, aber auch Seuchen, Feldzüge und Fehden bestimmten das tägliche Leben und Ableben.

Als ab dem 14. Jahrhundert auch noch zahlreiche Harzrandorte (zum Beispiel Goslar, Nordhausen und Halberstadt) der Hanse beitraten, kam eine ganz neue Dynamik in die Machtkämpfe. Auf diese Weise wurde dem Harzbewohner niemals langweilig, zudem ihn Missernten und Steuerbescheide stets auf Trab hielten.

Und das war erst der Anfang, denn im 16. Jahrhundert kreuzten sich im Harz die Wege zweier bedeutender Theologen und Politiker.

▲

Martin Luther wurde 1483 in Eisleben geboren, sein späterer Gegenspieler Thomas Müntzer 1490 in Stolberg – beide

entstammen also dem Harzraum. Letztlich begann alles ganz harmlos und mit einem theologischen Disput. Der Mönch Martin Luther wollte, dass die Menschen ihre Sünden aufrichtig kniend bereuen und wandte sich daher gegen den kirchlichen Ablasshandel – womit er eine wichtige Einnahmequelle des Papstes in Gefahr brachte.

Auf dem Reichstag zu Worms 1521 verlangte man von ihm, seine 95 Thesen, die er am 31. Oktober 1517 an die Kirchentür in Wittenberg geschlagen haben soll, zu widerrufen. Doch der stand da vor versammelter Mannschaft und konnte nicht anders und weigerte sich. Da ihm freies Geleit zugesichert worden war und der Papst sich ausnahmsweise an Absprachen hielt, gelang es Luther mit Hilfe eines fürstlichen Mäzens, auf die Wartburg zu flüchten und dort die Bibel ins Deutsche zu übersetzen, damit die Christenmenschen endlich wussten, um was es in ihrem Glauben ging.

Der Priester Thomas Müntzer lernte Luther 919 in Wittenberg kennen und besuchte dessen Vorlesungen und Disputationen, entwickelte jedoch eigene Ideen und machte ihn sich damit zum Feind. So stellte Müntzer die ketzerische Behauptung auf, dass jeder Gläubige das Wort Gottes als »lebendige Offenbarung« in sich trage – ohne Vermittlung von Priester und Bibel. Das ging weit über Luthers Vorstellungen von der »Freiheit eines jeden Christenmenschen« hinaus, zudem Müntzer nicht nur kirchliche Reformen forderte, sondern auch gesellschaftliche Veränderungen ins Visier nahm.

Oben: Bis heute schier übermächtig: die deutschen Kaiser und Könige

Besonders unbeliebt machte sich Müntzer mit seiner im Jahr 1524 in der Schlosskapelle von Allstedt gehaltenen »Fürstenpredigt« vor dem kursächsischen Herzog Johann: Wo Fürsten nicht »das Christentum mit uns bekennen, wird ihnen das Schwert genommen werden«, drohte er unverhohlen. Ein Jahr später wurde er Priester an der St. Johanneskirche von Allstedt. Dort predigte er auf Deutsch[46] und führte den Gemeindegesang ein. Seine Schriften ließ er in der eigenen Druckerei herstellen. Inspiriert durch die Bauernunruhen in Süddeutschland organisierte Müntzer Proteste gegen klösterliche Abgaben. Der Allstedter Bund wurde folgerichtig durch den Kurfürsten verboten, ebenso wie Müntzers Gottesdienste.

Luther mischte sich in diese Auseinandersetzungen ein, indem er Gewaltfreiheit forderte. Von den Bauern. 1525 stellte er sich endgültig auf die Seite der gottgewollten Obrigkeit und hetzte gegen den »Satan von Allstedt« und »wider die räuberischen und mörderischen Rotten der Bauern«. Die Unruhen breiteten sich indes weiter aus, vor allen Dingen in Thüringen. Doch am 15. Mai 1525 verloren die 5.000 Bauern, Handwerker und Bürger in Frankenhausen ihre wichtigste Schlacht. Ihr Anführer Müntzer wurde anschließend hingerichtet – die Bauernkriege im Harz waren mit dieser Niederlage beendet. Das Scheitern dieser Revolution wird von manchen Historikern als eine der Ursachen des deutschen Untertanengeistes angesehen.

Wie dem auch sei: Der Dreißigjährige Krieg von 1618 bis 1648 führte mal wieder zu veritablen Machtkämpfen, die eine Neuaufteilung des Gebiets zur Folge hatten: Brandenburg (das spätere Preußen) und Braunschweig profitierten davon und konnten ihr Staatsgebiet vergrößern.

In den Jahren 1803 bis 1815 gab es ausnahmsweise keine Machtkämpfe im Harz, weil dieser dem neugeschaffenen napoleonischen Königreich Westfalen zugeschlagen wurde und es damit eine stabile Regierung gab – die Bevölkerung war verständlicherweise sehr unzufrieden mit diesen allzu ruhigen Zuständen.

▲

Da sich in den folgenden Jahrzehnten nicht viel tat im Harz, außer dass ab 1843 erste Eisenbahnlinien gebaut wurden und der
Harzrand industrialisiert wurde, ist es erfreulich, dass am Anfang des 20. Jahrhunderts bei der Mansfeld AG durchaus lebhaft
zu nennende Auseinandersetzungen stattfanden. Besonders
in den Jahren von 1920 bis 1931 gab es zahlreiche Streiks, bei
denen sich bis zu 14.000 Kumpel im Ausstand befanden. Um
derartigen ungehörigen Vorkommnissen künftig vorzubeugen,
trafen sich am 11. Oktober 1931 die NSDAP, der Stahlhelm
und die DNVP in Bad Harzburg und gründeten die Harzburger Front. Dabei handelte es sich um ein erstes großes Bündnis
der Nationalsozialisten mit den Konservativen, das 1933 in eine
Regierung unter Reichskanzler Hitler mündete.

Womit wir auch schon im Dritten Reich angekommen wären.

1943 wurde die Waffenschmiede von Peenemünde nach
ihrer Zerstörung durch Luftangriffe in das KZ Mittelbau
Dora am Südhang des Kohnsteins verlegt. Das Stollensystem
hatte ab 1936 als Treibstofflager gedient. 5.000 deutsche Arbeiter und 6.000 Häftlinge arbeiteten in der Serienprodukti-
on der V2, bewacht von 1.000 Offizieren und Soldaten. Im
Januar 1944 wurde auch tatsächlich die erste von insgesamt
6.000 Raketen ausgeliefert. Die Häftlinge kamen aus dem KZ
Buchenwald, zu dem über 40 Außenlager gehörten. Von den
60.000 Häftlingen starben 20.000 – es gab mehr Opfer bei
der Produktion als beim Einsatz der Waffe. Bei der Befreiung
durch die Amerikaner am 11. April 1945 fanden sie nur noch
einige Hundert Kranke und Sterbende vor, weil die Mehrheit
der Häftlinge auf Todesmärschen durch den Harz geschickt
wurde. Unbeschadet kam hingegen Wernher von Braun, der
leitende Ingenieur, aus der Sache: Er setzte nach Kriegsende
seine Karriere als Raketeningenieur in den USA fort.

Goslar zwischen hier und heute

In den Herbstferien darf ich in der Jugendherberge in Goslar einen Workshop für Poetry Slam leiten, for girls only. Die Pausen zwischen den Einheiten nutze ich, um die Fachwerkstatt fachmännisch zu erkunden. Wie erwartet, finde ich allerlei mittelalterliche Gemäuer vor, unter anderem natürlich die Pfalz samt dem dazugehörigen Garten.

Man kommt wirklich nicht umhin, die Altstadt als wunderschön zu bezeichnen, weshalb es auch nicht verwundert, dass alle 20 Meter eine Touristenführung den Weg versperrt. Ebenfalls im Weg stehen zahllose moderne Kunstwerke, die gerne mal einen Kopf darstellen, der durchlöchert, genagelt oder einfach nur darniederliegend ist, jedoch fast immer eine gewisse Monumentalität ausstrahlt. Die Schädel fügen sich deshalb durchaus sehr gut in das kaiserliche Würde und bürgerlichen Reichtum ausstrahlende Stadtbild ein, wenngleich sie natürlich auch in einem deutlichen Kontrast dazu stehen, ob ihrer Modernität. Ein hübscher Effekt, der sicherlich gewollt ist.

Goslar hat eine überaus hohe Aufkleberdichte. Allgegenwärtig bappen die Dinger an allen möglichen glatten Flächen, bevorzugt an Regenabflussrinnen und -rohren. Den Aufkleberaufklebern liegen anscheinend alternative Jugendzentren (»Jugend braucht Freiräume!«) besonders am Herzen, aber auch die Unterstützung des Goslarer SC 08 (»Glotze aus Stadion an«) wird immer wieder thematisiert. Dass ein so kleiner Fußballverein aus der Provinz »Antifascist Supporters« besitzt, finde ich bemerkenswert. Aber natürlich hat auch die Konkurrenz von Eintracht Braunschweig hier ihre klebenden Anhänger.

Diese Aufkleber passen eigentlich nicht so recht in die museale Idylle des altehrwürdigen Stadtkerns, was mir persönlich jedoch durchaus behagt. Als dann ein schwarzgekleideter Schiebermützenträger an mir vorbeischlendert – in Begleitung einer jungen Dame – habe ich kurz das Gefühl, versehentlich eine Zeitreise in die 90er-Jahre gemacht zu haben, als autonome Bomberjackenträger allgegenwärtig waren in den Stadtbildern zwischen Passau und Husum.

Es wird Zeit, essen zu gehen – natürlich gibt es überall gute Harzer Hausmannskost, aber mich lockt das kulinarische Kontrastprogramm. Und so folge ich einem Schild, auf dem »Indisches Restaurant ca. 70 m« steht. In Wirklichkeit dürften es ein paar Meter mehr sein, die ich durch eine dunkle Gasse zu gehen habe, an deren Ende eine in der Tat exzellente Speisegaststätte zu finden ist.

Das Restaurant wird von einem aus Rajasthan stammenden Sikh geleitet, wie mir eine reizende Dame erklärt, die mit ihrem Lebensgefährten ebenfalls zu Gast ist und das bollywoodartige Ambiente genießt. Wir sind an diesem Dienstagabend die einzigen Kunden, was allerdings keineswegs an der Qualität des dargereichten Essens liegt, denn die Speisen sind nicht nur tadellos, sondern übertreffen sogar alle Erwartungen, sodass wir drei verschworenen Gourmets uns gegenseitig überbieten in unseren absolut gerechtfertigten Lobpreisungen. Auch die orangegelb-roten Girlanden und die folkloristische Popmusik, die uns an die typische Beschallung in indischen Taxis erinnert, tragen einiges dazu bei, den Abend in guter Erinnerung zu behalten.

Am meisten begeistert uns ein Bild über der Eingangstür, das uns zu allerlei Mutmaßungen animiert. Auf dem Gemälde sind Jesus und Maria abgebildet. Christliche Symbolik in einem sikhistischen Restaurant. Warum das? Vielleicht wurde Gottes Sohn ja zu einem indischen Heiligen oder gar zu einer Gottheit ernannt, überlegen wir, immerhin wird Jesus auch bei den Moslems als Prophet verehrt. Oder der portugiesische Einfluss schlägt hier durch, und der Sikh-Wirt ist in Wirklichkeit gar kein Sikh-Wirt, sondern ein Christ-Wirt.

Der bezaubernden Dame lässt diese Frage keine Ruhe, sodass sie diese schließlich an den guten Mann selbst richtet. Lächelnd erklärt er, dass er die Frage schon viele hundert Male beantworten musste und es auch diesmal gerne tut. Bei dem Bild handele es sich einfach um ein Geschenk, das ihm bei der Übergabe der Geschäftsräume gemacht worden sei. Die christliche Symbolik sei ihm durchaus bewusst, habe aber keine Bedeutung für ihn: »Das glauben wir nicht!«

Ich bin froh, wieder etwas gelernt zu haben, diesmal über die Religionsgemeinschaft der Sikhs, deren traditionelle Kriegsbereitschaft einer angenehmen Gastfreundschaft gewichen zu sein scheint.

Nachdem ich noch einen fantastischen Nachtisch aus frittiertem Käse genossen und ein weiteres (zugegebenermaßen deutsches und nicht indisches) Bier getrunken habe, mache ich mich beschwingt auf den Heimweg zur Jugendherberge, die stolz über der Stadt thront.

In dem eingangs erwähnten Pfalzgarten verlaufe ich mich bei der Gelegenheit mehrfach, was aber keineswegs an den etwaigen riesigen Ausmaßen der Parkanlage liegt, denn so groß ist diese botanische Einrichtung nun wirklich nicht, sondern einzig und allein an meiner gottgegebenen, naturverursachten oder gesellschaftlich bedingten Orientierungslosigkeit.

Die letzten paar hundert Meter des Fußwegs zur Jugendherberge sind übrigens durchaus steil zu nennen und werden von mir auch als abenteuerlich wahrgenommen, da ich mich des Eindrucks nicht erwehren kann, gleich von einer echten bewarzten Harzer Hexe angefallen zu werden. Oder von einem zeitgemäßen, wenngleich nicht weniger verabscheuungswürdigen Serienkiller. Was dann aber doch nicht passiert.

Am nächsten Morgen nehme ich in der Jugendherberge ein karges Mahl ein, das im Wesentlichen aus trockenen Brötchen und geschmacksneutralem Butterkäse besteht. Frischkost ist an diesem Ort übrigens offensichtlich verboten, und Vitamine sind zumindest verpönt, zudem der Apfelsaft vermutlich zu 90 Prozent aus Zucker und zu 10 Prozent aus Süßstoffen besteht. Eistee ergänzt diese Reizkost mehr als optimal. Immerhin gibt es so etwas Ähnliches wie Kaffee hier zu trinken.

Auf dem Weg von der Jugendherberge zum Bergwerk Rammelsberg verlaufe ich mich, was jeden verwundern wird, der schon mal vor Ort war und daher weiß, dass das eigentlich unmöglich ist. Habe ich eigentlich schon erwähnt, dass mein Orientierungssinn nur mangelhaft ist?

Indem ich den Röder-Stollen besichtige, bewege ich mich bekanntermaßen auf Goethes und Andersens Spuren, erklärt die Fremdenführerin, nicht ohne lokalpatriotischen Stolz. Über den Herrn Andersen lästert sie ein wenig und stellt ihn als eine Art hutzeliges Männchen dar, das sich beim Einfahren in den Stollen an den Steiger geklammert und dabei »Bitte lassen Sie mich nicht allein!« gejammert habe. Das hat man nun davon, dass man ein prominenter Pionier des Montan-Tourismus ist – noch Jahrhunderte später wird diese Heldentat ins Lächerliche gezogen.

Der Röder-Stollen (beziehungsweise »das Röder-System«, wie ihn die Fremdenführerin zu nennen beliebt) ist eng und niedrig (hätte ich den Helm nicht auf, hätte ich mich auf dieser Besichtigungstour wohl mehrfach bewusstlos geschlagen), gleichzeitig aber auch tief beziehungsweise – von oben gesehen – hoch, was aber egal ist, weil ja Dunkelheit vorherrscht, sodass Höhenangst kaum aufkommen kann, denn man sieht ja nichts. Ich bin mir allerdings gerade nicht sicher, ob diese Argumentation allzu schlüssig ist, denn dann müsste man als Akrophobiker ja nur immer die Augen schließen, wenn man auf einen Turm steht, um sich sicher zu fühlen.

Die gute Frau zeigt auf einen Moosflaum an der Wand, der seit ungefähr einem Jahr zu sehen sei, was wohl damit zusammenhänge, dass durch das elektrische Licht die Pflanze hier heimisch geworden sei. Beim Ausstieg muss man dann eine Wendeltreppe mit 105 Stufen hinaufsteigen. Parallel dazu verläuft eine Leiter an der Wand, die einst wohl von den Bergleuten und frühen Bergwerksbesuchern (Andersen!) benutzt wurde, nur dass das Original aus Holz gewesen sei, wie die Fremdenführerin auf Nachfrage berichtet, was ich nur wenig beruhigend finde. Ganz im Gegenteil schätze ich mich glücklich, dass ich im 21. Jahrhundert leben darf, also die Gnade der späten Geburt besitze. Ein Fahrstuhl oder zumindest eine Rolltreppe wären natürlich noch luxuriöser.

Auch das Bergwerksmuseum ist übrigens ganz apart und lehrreich. Ich erfahre hier zum Beispiel, dass das Material, das für den Bau des Braunschweiger Löwen benutzt wurde, im Rammelsberg gewonnen wurde. Im kantinenschönen Café beziehungsweise Restaurant des Museums gibt es selbstverständlich ausschließlich deftige Hausmannskost und hausfräuliche

Der Einstieg erfolgt über Treppen …

... und Leitern.

Backwaren. Ich entscheide mich daher für den echten Harzer Käsekuchen und eine Tasse echten deutschen Bohnenkaffee.

Und kehre hiernach gestärkt und belehrt zu meinen Schülerinnen zurück, um mein frisch erworbenes Wissen an sie weiterzugeben.

Zwischen Northeim und Nordhausen

Meine sehr verehrten Damen und Herren. Stellen Sie nun bitte das Rauchen ein, schnallen Sie sich an und besuchen Sie mit mir die schönsten Städte und Dörfer des Harzes und des Harzvorlandes. Oder zumindest die, die es dort gibt:

GÖTTINGEN: Manch einer mag nun ausrufen wollen: Göttingen liegt nicht im Harz! Doch sobald er zu diesem Satze anhebt, werde ich ihm das Wort abschneiden, denn zwar ist es richtig, dass diese altehrwürdige Stadt nicht im Kern des Gebirges liegt, doch aber an ihrem Rande. Mehr noch: Sie bildet das Tor oder vielleicht auch die Einflugschneise in den Harz, denn von hier aus kann man seine Reisen zum Brocken gut starten lassen, was ja schon Heinrich Heine getan hat, der bis heute das Bild bestimmt, das wir von der Stadt haben. »Die Stadt Göttingen, berühmt durch ihre Würste und Universität«, schrieb er, »gehört dem Könige von Hannover und enthält 999 Feuerstellen, diverse Kirchen, eine Entbindungsanstalt, eine Sternwarte, einen Karzer, eine Bibliothek und einen Ratskeller, wo das Bier sehr gut ist. (...) Die Stadt selbst ist schön und gefällt einem am besten, wenn man sie mit dem Rücken ansieht.«[47]

Es sind also nicht ausschließlich lobende Worte, die der Dichter für die Stadt findet, wobei man davon ausgehen darf, dass er zum Zeitpunkt der Niederschrift ein wenig voreingenommen war, weil man ihn fünf Jahre zuvor von der dortigen Universität »konsiliert« hatte. Schon damals, behauptet er, habe sie »dasselbe graue, altkluge Aussehen« gehabt und sei »schon vollständig eingerichtet mit Schnurren, Pudeln, Dissertationen, Thédansants, Wäscherinnen, Kompendien, Taubenbraten, Guelfenorden, Relegationsräten, Profaxen und anderen Faxen«[48] gewesen. Überhaupt, diese Uni mit ihren Angehörigen, die regt ihn ja auf:

Im Allgemeinen werden die Bewohner Göttingens einge-
teilt in Studenten, Professoren, Philister und Vieh, welche vier Stände doch nichts weniger als streng geschieden
sind. Der Viehstand ist der bedeutendste.[49]

Nun könnte man annehmen, dass sich die Stadt im Laufe der
Jahrhunderte weiterentwickelt hätte, doch scheint dies nicht
der Fall zu sein, denn auch der Harzkundige Otto Köhler weiß
nichts Gutes über sie zu berichten:

Die Stadt besitzt einige Sehenswürdigkeiten, die Bevölkerung zählt nicht dazu. Wenn Häuser Beine hätten, wären
sie längst auf und davon gelaufen. Tatsächlich hat man
den Menschen Beine gemacht: Bis auf die Studenten ist
die Bevölkerung aus der Innenstadt hinausgeworfen und
wird nur noch zum Einkaufen hineingelassen.[50]

Man sieht: Herr Köhler neigt hier ein wenig dazu, ungerecht zu
sein, denn immerhin wird die Stadt von einer hochangesehenen
akademischen Einrichtung geprägt, die ihr doch eine gewisse
Berühmtheit verleiht, was er schließlich auch zuzugeben bereit
ist:

Die Göttinger sind stolz auf ihre Universität, die den
Namen ihrer Stadt – Göttingen oder Göppingen oder so
ähnlich – in die Welt hinausgetragen hat. (...)
Die Universität dient den Wissenschaften, doch gibt es
auch eine Theologische Fakultät.
»Göttingähn«, so nennt der Privatgelehrte Thomas
Schaefer sehr zu Recht seine Stadt, in der einfach nichts
passieren will – außer dem Kommen und Gehen der
Studentengenerationen und dem Wechsel der Jahres-
zeiten.[51]

Hmm, es werden doch wohl in der einschlägigen Literatur auch
einige Sätze zu finden sein, die ohne Einschränkung Positives
über die Stadt zu berichten haben? Versuchen wir es mit dem

Studenten Johann Georg Bärens, der im Jahr 1754 zu vermelden wusste, dass Göttingen »in einer sehr angenehmen und fruchtbaren Gegend« liegt, was 250 Jahre später von Otto Köhler mit einem »Ohne Göttingen gäbe es von ihr noch mehr«[52] kommentiert wird.

Göttingen, Göttingen ... Da war doch was ... Ach ja: Der Mathematiker, Physiker, Aphorist und Polemiker Georg Christoph Lichtenberg lebte und wirkte hier. Eine Lichtgestalt! Der zu Ehren vor einigen Jahren ein Denkmal gesetzt wurde, gleich gegenüber der 1901 aufgestellten Statue Gänseliesel, die noch heute – ihrem hohen Alter zum Trotz – von Doktoranden geküsst wird. Wobei man natürlich eigentlich weder das Gänseliesel noch den Lichtenberg lieben muss, wie Bernd Langer meint:

> (D)as spießige Gänseliesel oder der gnomige, verhärmte Gelehrte Lichtenberg. Beide stehen als Bronzeplastiken auf dem Marktplatz. Lichtenberg krückt bucklig dahin, in seiner Rechten eine Kugel vor sich tragend mit irgendeiner Formel darauf. Erst vor wenigen Jahren ist er aufgestellt worden, ebenerdig, um dem Gänseliesel nicht zu viel Konkurrenz zu machen. Früher war er mal Revolutionsführer und Staatschef Enver Hodscha gewesen, als er noch in Albanien stand. Nach dem Ende der kommunistischen Herrschaft wurde der albanische Bronzekoloss überflüssig, niemand wollte ihn mehr haben. Ein Göttinger Geschäftsmann kaufte die Plastik und ließ sie umgießen. Mir erscheint die Geschichte als Metapher. Einstmals ein Revolutionsdenkmal, scheinbar unüberwindlich, mit stolz geschwellter Brust, doch hohl. Und heute eine auf ihre Masse zusammengeschmolzene Jammergestalt. Nur schnell vorbei![53]

▲

So wollen auch wir weiter eilen. Und zwar über das allerlei Kirchen, Klöster und andere alte Gemäuer beherbergende

Northeim nach Einbeck. Die älteste Gaststätte Einbecks ist das Brodhaus, welche nicht weniger als 650 Jahre alt ist, womit wir schon bei dem Thema angekommen sind, das man in der Regel mit dieser Stadt verbindet: nämlich Bier im Allgemeinen und das hier erfundene Bockbier im Besonderen. Um 1600 gab es in dieser Stadt nicht weniger als 742 Bürger-Brauhäuser. Man stelle sich den Bierdunst vor, der über Einbeck gehangen haben muss. Schon Martin Luther wusste auf dem Reichstag zu Worms das Hauptexportgut der Stadt lyrisch zu preisen: »Der beste Trank, den einer kennt, wird Einbecker Bier genennt.«[54] Der häufigste Schulabschluss in Einbeck ist bis heute das Bierdiplom. Als ich selbst mal anlässlich der niedersächsischen Landesliteraturtage in Einbeck weilte, war ich Gast bei einer Lesung, die selbstverständlich das Thema »Bier« zum Inhalt hatte – an Details kann ich mich leider nicht mehr erinnern, da die Veranstaltung mit einer kostenlosen und ausschweifenden Bierverköstigung verbunden war.

▲

Weiter geht's nach Bad Gandersheim, in die Urheimat der ottonischen Kaiserfamilie (die als ausgestorben gilt) und der ersten deutschen Dichterin Roswitha (die auch nicht mehr lebt). Der Höhepunkt des gesellschaftlichen Lebens sind die Gandersheimer Domfestspiele. Den Rest des Jahres kann man einen zwölf Kilometer langen Skulpturenweg auf und ab laufen. Kein Wunder, dass Gandersheim ein ausgesprochen beliebter Kurort ist – hier stört keine Aufregung die Ruhe. Bis zur letzten Ruhe.

▲

Von hier aus ist es nicht mehr weit bis nach Seesen, das als größte (manche sagen auch: als einzige) Attraktion eine Wilhelm-Busch-Gedenkstätte beherbergt, was darauf zurückzuführen ist, dass besagter Dichter im Pfarrhaus am Pastor-Nöldeke-Weg in Seesen-Mechtshausen seinen Lebensabend verbrachte, und zwar bei seiner verwitweten Schwester und ihrem Sohn, einem Pastor. In diesem Zusammenhang sei erwähnt, dass im Kriegsjahr 1943 die Schätze des Hannoveraner Wilhelm-Busch-Museums an den einsamen Ort ausgelagert wurden. Wenige Monate später ging das Museum am Georgsplatz dann auch tatsächlich in Flammen auf.

▲

In LUTTER AM BARENBERGE kreuzten sich diverse Fernstraßen, die nach Hildesheim und Braunschweig, Goslar und Halberstadt, Seesen und Holzminden sowie nach Göttingen oder ins Verderben führten, denn die zentrale Lage des Ortes machte ihn als Tätigkeitsbereich für die kriminelle Branche interessant. Sprich: Straßenräubereien waren hier gang und gäbe. Da man Gewalt also gewohnt war, bot sich die Gegend auch als Austragungsort größerer Metzeleien an, von denen die Schlacht bei Lutter am Barenberge im Dreißigjährigen Krieg vielleicht nicht die schönste, aber doch die bedeutendste war. Wer gegen wen gekämpft hat, war schon damals reichlich unklar, aber es kann als gesichert angesehen werden, dass hier Tilly, der Heerführer der kaiserlichen Katholen dem König Christian von Dänemark, dem Chef der Evangelen, eins auf die Mütze beziehungsweise auf den Helm gab. Der gab ebenfalls etwas, nämlich Fersengeld, und versteckte sich in der Feste Wolfenbüttel.

▲

Nun sind wir aber schon dabei, den Harz aus den Augen zu verlieren, weshalb wir umkehren und WOLFSHAGEN in der Gemeinde LANGELSHEIM aufsuchen: Ich zitiere mal ganz wertfrei aus dem Buch »Der Landkreis Goslar, seine Städte und Dörfer« von Hans-Günther Griep: »Nur fünf Familiennamen kamen einst hier vor, und alle waren miteinander verwandt und verschwägert. Allein 90 Familien hießen Bauerochse!«[55] Der Leser mag sich nun die dort herrschenden Familienverhältnisse vorstellen, wie er will. Ich werde mich dazu nicht weiter äußern.

84

Allerdings möchte ich beschwichtigend zu bedenken geben, dass hier immerhin im Jahre 1707 der Klavierbauer Heinrich Engelhard Stein geboren wurde, welcher der Stammvater der nicht unberühmten New Yorker Firma Steinway ist.

▲

Nächstes Ziel: GOSLAR, das nordische Rom mit seinen 47 Kirchen und Kapellen. Diese Stadt wurde annodunnemals, also 922, als Marktsiedlung von Heinrich I. gegründet. Er hatte wohl gerade nichts Besseres zu tun. Seit 968 wird hier Kupfer- und Silberbergbau betrieben. 1005 verlegte der nächste Heinrich seine Pfalz von Werla hierher. Heinrich III. ging noch einen Schritt weiter und machte Goslar zum Zentrum seiner Macht, was darin Ausdruck fand, dass er 1056 – in Anwesenheit des Papstes Viktor II. samt achtzig Bischöfen – den größten Dom diesseits des Rheins einweihte. Allerdings bekam ihm diese Großtat nicht allzu gut, denn die anschließende Jagd, die Heinrich mit dem Papst unternahm, endete nicht nur mit dem Tod diverser erlegter Tierchen, sondern auch mit dem Heinrichs. Auf der Jagdpfalz Bodfeld soll er nach kurzer, schwerer Krankheit in den Armen des Papstes ins Himmelreich aufgefahren sein.

Ganz ...

Von dem Dom ist außer der Vorhalle nichts mehr erhalten, denn im Jahre 1819 verkaufte man ihn für 500 Taler (das sind umgerechnet gerade mal 60.000 Euro) an einen Bauunternehmer, der ihn als Steinbruch nutzte. Man kann von Glück sagen, dass nicht gleich die gesamte Stadt für einen Appel und ein Ei beziehungsweise für ein Butterbrot verhökert worden wurde, denn sonst würden wir heute nicht in den Genuss kommen, die historische Altstadt besuchen zu können, die zusammen mit dem Rammelsberg und den dazugehörigen Wasserkünsten ein Weltkulturerbe der UNESCO bilden. Wodurch sich Goslar auf einer Höhe mit den Pyramiden von Gizeh, der Chinesischen Mauer und den Beginenhöfen in Flandern befindet.

Aber gehen wir noch ein paar Schrittchen zurück: Wir nehmen zur Kenntnis, dass es im Verlaufe des 12. Jahrhunderts zur Gründung des Kloster Neuwerks kommt und dass Goslar im Jahre 1281 der Hanse beitritt. Des Weiteren freuen wir uns über die Reichsunmittelbarkeit der Stadt (auch wenn wir noch mal kurz im Lexikon nachschlagen, was es damit auf sich hat[56]) und wundern uns darüber, dass die Bergbaurechte trotzdem von den Braunschweiger

... Goslar ...

Herzögen gepachtet werden mussten. Wir bejubeln, dass die Stadt um 1500 12.000 Einwohner hat (mithin eine Großstadt ist), und wir bedauern, dass sie 1552 den Zugriff auf den Rammelsberg und auf die Oberharzer Berggebiete verliert. Gar nicht gefallen will uns, dass der Stadt dadurch bis 1600 ein Drittel seiner Einwohner verlustig gehen und zwei Großbrände im 18. Jahrhundert die Stadt auch nicht größer machen. Dass Goslar im 19. Jahrhundert eine neue Bestimmung als Ausflugstadt gefunden hat, will uns wiederum durchaus angenehm erscheinen. Heinrich Heine, den wir eben schon zu Göttingen befragt haben, weiß auch einiges über Goslar zu sagen:

Ich fand ein Nest mit meistens schmalen, labyrinthisch krummen Straßen, allwo mittendurch ein kleines Wasser, wahrscheinlich die Gose, fließt, verfallen und dumpfig, und ein Pflaster, so holprig wie Berliner Hexameter. Nur die Altertümlichkeiten der Einfassung, nämlich Reste von Mauern, Türmen und Zinnen, geben der Stadt etwas Pikantes. [57]

Nun haben wir ja schon gelernt, dass Herr Heine zu einem gewissen Defätismus neigt, doch auch sein dänischer Dichterkollege Hans Christian Andersen hatte bei seiner Reise durch den Harz ein nur mittelgutes Bild von der Stadt gewonnen:

Nach und nach traten die Berge aus ihren Nebelgestalten hervor als starke, stolze, mit dunklen Tannenwäldern bewachsene Massen, Kornfelder schlängelten sich malerisch zwischen ihnen, durch und Goslar, die alte kaiserliche freie Reichsstadt, lag vor uns. Alle Dächer waren mit Schiefer gedeckt, was der Stadt, die eingeschlossen zwischen den Bergen liegt, ein merkwürdig düsteres Aussehen verleiht.« [58]

Und so in diesem Stil könnte man jetzt endlos fortfahren und zum Beispiel William Wordsworth (»Eine leblose Stadt.«[59]), C. J. Horsting (»Man denkt sich eine große Stadt alt, finster, schmutzig, eng und unbehülflich – aber solche verödete Mauern, solche verbaute Gassen, mit Graben und Bächen gefüllt ... wird schwerlich jemand vermuthen.«[60]) oder Johann Bartholomä Trommsdorf

... ist ein Museum.

(»Ich glaube, es sollte sehr schwer werden, in Goslar 1 Dutzend gute, ich will nicht sagen schöne oder modern gebaute Häuser aufzufinden.«[61]) zitieren.

Wir jedoch wollen die Schönheit suchen, die bekanntlich im Auge des Betrachters liegt, und uns daher anhören, was Achim von Arnim zur Verteidigung Goslars zu sagen hat: »Die engen Gassen mit dem durchfließenden Strome, der Marktplatz mit den alten Gebäuden und Schnitzwerk, die Ruhe umher, alle Erinnerungen erwachen, mit ihnen meine alte heiße Sehnsucht nach jener schöneren Zeit.«[62] Diese freundlichen Worte geben uns ein wenig Halt, sodass wir auch Caroline Schlegels Beschreibung der »altmodische(n), kleine(n), lorkige(n) Reichsstadt« ertragen können, ohne allzu sehr in Groll zu verfallen:

> Der Weg nach Goslar ist schön … Aber Goslar – soweit du die Nadelspitzen der achteckigen Türme von weitem erblickst, erstirbt die Natur, das Gras verdorrt, alles neigt sich verschmachtend zu Boden. Du fährst zwischen kahlen Bergen hinein in ein Tor – wo die Liebe selbst vor Schrecken ihren letzten Seufzer aushauchen müßte, oder fürchterlich verzweifeln.[63]

Doch es ist lange her, dass Frau Schlegel die Stadt besucht hat – wir sollten jemanden um sein Urteil bitten, dessen letzte Visite noch in diesem Jahrtausend lag. Zum Beispiel Björn Kuhligk:

> Verwinkelte Kopfsteinpflaster, ein schiefes Fachwerkhaus steht neben dem nächsten, und fast alle haben sorgfältig kunstvolle Holzschnitzereien in den Balken. Es sieht museal aus, man ist verdutzt, findet es merkwürdig, daß darin gewohnt wird. Das könnte man komplett abbauen und woanders als Fachwerkmusterstadt wieder aufbauen.[64]

Aber vielleicht sollte man sich doch lieber selbst einen Eindruck von dieser Stadt verschaffen. Ob sie einem gefallen will oder nicht, unterliegt den eigenen Maßstäben. Einen Versuch ist es auf jeden Fall wert, zudem sich Goslar bemüht, den Anschluss an die Neuzeit zu schaffen. So wird in Goslar alljährlich einer der renommiertesten Preise für moderne Kunst verliehen, der gleichwohl den altertümlichen Namen »Kaiserring« trägt. Man möge den gnädigen Stiftern verzeihen, dass er bis heute undotiert ist. Wem das dann doch zu viel der Hochkultur ist, dem sei noch ein volkstümlicher Scherzreim mit auf den Weg gegeben:

Es war ein sehr gutes Bier,
die Goslarische Gose,
Doch wenn man meint, sie sey im Bauch,
so liegt sie in der Hose.[65]

▲

HAHNENKLEE-BOCKSWIESE ist nicht nur ein Ortsteil von Goslar, sondern hat auch einen der wohlklingendsten Ortsnamen Deutschlands. Mit der Gustav-Adolf-Kirche darf es ein sehr schön gebautes (1907/08) und erbauliches (immer) Gotteshaus sein eigen nennen, welches übrigens eine von nur zwei Stabkirchen in Deutschland ist. Miesepeter lassen es sich natürlich nicht nehmen, darauf hinzuweisen, dass sie keine richtige Stabkirche sei, weil ihre Bauweise und Inneneinrichtung von den norwegischen Vorbildern abweichen. Herrgott nochmal, man hat sich halt inspirieren lassen! Immerhin vermögen es die Drachenköpfe und Midgardschlangen durchaus, eine gewisse wikingereske Atmosphäre zu schaffen. Und auch die Bullaugen tragen dazu bei, einen unerwartet maritimen Flair in die Harzer Landschaft zu zaubern.

▲

Bock auf ein Bier oder gar ein Schnäpschen? Dann auf nach VIENENBURG, wo das Kloster Wöltingerode zu finden ist, in dem 1682 eine Brennerei gegründet wurde, die bis heute besteht. In der Krypta der Klosterkirche werden entsprechende Verkostungen vorgenommen. Prost und Amen!

▲

In HORNBURG wurde der 147. Papst geboren, der von 1046 bis 1047 als Clemens II. der allerkatholischsten Kirche vorstand, bis er »auf Anregung des abgesetzten Vorgängers und vorübergehenden Nachfolgers Benedikt IX. vergiftet« wurde, wie es Peter Schanz in seinem Pilgerbericht »Mitten durchs Land« so schön formulierte. Was ich nur der Vollständigkeit halber anmerken möchte, da wir uns schon ziemlich weit vom Harz-Kern entfernt haben und deshalb auch schnell zurückfahren nach ...

▲

... BAD HARZBURG, dem nördlichen Tor zum Harz. Das Aufregendste an dieser Ortschaft ist die Seilbahn auf den Burgberg, mit der man den Ausgangspunkt vieler Wanderungen erreicht – also die Möglichkeit, Bad Harzburg wieder schnell zu verlassen. Die weiteren Attraktionen Pferderennbahn, Spielbank, Schwefelquelle, Sole-Therme und Flaniermeile lassen erahnen, dass Bad Harzburg in erster Linie ein Rentnerparadies ist. In zweiter Linie aber auch.

▲

Nun stoßen wir tollkühn in den Oberharz vor: TORFHAUS ist die höchste Siedlung Niedersachsens, deren eigentliche Einwohnerzahl durch die Besuchermassen, die sich in den Ausflugslokalen, Jugendheimen, Skihütten und Wintersportanlagen verlustieren, allerdings bei weitem übertroffen wird.

▲

Bleiben wir doch noch ein bisschen im Hochgebirge und schauen uns CLAUSTHAL-ZELLERFELD an, wo der hübsche Sinnspruch »Der Nabel der Welt / Liegt in Clausthal-Zellerfeld«[66] geprägt wurde. Es kann als unstrittig angesehen werden, dass der Ursprung der einen Hälfte des jetzigen Doppelortes, der nur von »diesem einen Bindestrich«[67] zusammengehalten wird, in dem 1150 gegründeten Benediktinerkloster Cella zu suchen ist. Heutzutage wird C-Z jedoch von der 1775 als »Bergakademie« gegründeten Universität geprägt: 3.000 der 15.000 Einwohner sind Studenten.

Die Stadt war ehedem das Zentrum des Oberharzer Bergbaus, was daran zu erkennen ist, dass allerlei Teiche und Kanäle das ansonsten von Kneipen geprägte Stadtbild verwässern. Weitere Attraktionen sind die berühmte Mineraliensammlung und die Marktkirche zum Heiligen Geist, die immerhin als Deutschlands größte Holzkirche gilt.

Auch Heinrich Heine hat das »nette Bergstädtchen, welches man nicht früher erblickt, als bis man davorsteht« besucht und zeigte sich zumindest vom hiesigen kulinarischen Angebot sehr angetan:

In der »Krone« zu Clausthal hielt ich Mittag. Ich bekam frühlingsgrüne Petersiliensuppe, veilchenblauen Kohl, einen Kalbsbraten, groß wie der Chimborasso in Miniatur, sowie auch eine Art geräucherter Heringe, die Bückinge heißen, nach dem Namen ihres Erfinders, Wilhelm Bücking, der 1447 gestorben und um jener Erfahrung willen von Karl. V. so verehrt wurde, dass derselbe anno 1556 von Middelburg nach Bievlied in Seeland reiste, bloß um dort das Grab dieses großen Mannes zu sehen. Wie herrlich schmeckt doch solch ein Gericht, wenn man die historischen Notizen dazu weiß und es selbst verzehrt![68]

Der Harzreisende Björn Kuhligk wagt fast 200 Jahre später den erneuten Gourmet-Test in dem Traditionslokal:

Wir kehren in der ›Krone‹ ein, die mittlerweile ›Goldene Krone‹ heißt und italienische Küche bietet. (...) Die Pizza sieht erbärmlich aus. Ein dünner Fladen mit einigen Gemüse-Erhebungen, der wie das niemals ent-

91

worfene Strategie-Papier zum Wiederaufbau des Iraks aussieht.[69]

Na dann, Prost Mahlzeit!

▲

Es heißt, dass der erste Pastor der BERGSTADT WILDEMANN um 1530, durch »manche Unziemlichkeiten gestört«[70], im Wirtshaus predigen musste. Es ist jedoch ein Irrtum zu glauben, dass der Name der Stadt auf einen in den Bergen hausenden Unhold zurückgeht. Vielmehr bezieht sich Bergstadt in Wirklichkeit auf Bergbau, und Wildemann war der Name einer Grube im Erzgebirge, aus dem viele Bergleute hierher kamen.

▲

Gehen wir nun BAD GRUND auf den Grund: Hier kann man ein tolles Uhrenmuseum besuchen, in dem sich naturgemäß viele Uhren befinden, nicht jedoch die größte Kuckucksuhr der Welt, denn die steht in Triberg im Schwarzwald. Weitere Bad Grunder Attraktionen sind die berühmten Bad Grunder Moor- und Solebäder und der sehr schöne Weltwald Harz, in dem viele Bäume stehen, die nicht hierher gehören. Interessant für Leute, die solche Dinge interessieren, ist die St. Antonius-Kirche. Dort gibt es ein hübsches Luther-Bild zu entdecken, auf dem der ruhmreiche Reformator mit einem Schwan zu sehen ist. Warum ausgerechnet ein Schwan? Ganz einfach deshalb, weil der tschechische Vorreformator Jan Hus, als man ihn auf dem Scheiterhaufen verbrannt hat, noch Zeit und Muße fand, sich eine schöne Prophezeiung auszudenken: »›Heute bratet ihr eine Gans‹, sagte er darauf anspielend, dass ›Gans‹ auf tschechisch ›Hus‹ heißt, ›aber nach mir wird ein Schwan kommen, der mein Lied herrlicher singen wird!‹«[71] Man einigte sich darauf, Martin Luther als diesen Schwan anzusehen. Da brat mir doch einer einen Storch!

▲

OSTERODE ist eine geradezu idealtypische Harzstadt, die alles hat, was eine idealtypische Harzstadt haben sollte: viel Fachwerk, eine Stadtmauer und Reste vom Bergbau. In der Seitenkapelle der St. Jacobi-Schlosskirche erinnert das Kruzifix eines unbekannten französischen Kriegsgefangenen an den 2. Weltkrieg. Schön, wenn Künstlern aus anderen Ländern Gelegenheit geboten wird, in deutschen Kirchen an ihrem Werk zu arbeiten. Außerdem besitzt die Stadt Anschluss an das Südharzer Karstgebirge, das Lerbachtal und den Sösestausee. Alles Weitere wissen Heine und Gottschalk: »Diese Stadt hat soundsoviel Häuser, verschiedene Einwohner, worunter auch mehrere Seelen, wie in Gottschalks ›Taschenbuch für Harzreisende‹ genauer nachzulesen ist.«[72]

▲

Mit (aber sehr wohl: in) HERZBERG wollen wir uns nicht länger aufhalten, weisen aber darauf hin, dass die Stadt durch den Bergbau geprägt ist und außerdem ein welfisches Residenzschloss beherbergt. Erwähnenswert ist auch der Juessee, der die Möglichkeit bietet, um ihn herumzulaufen.

▲

Wasser treten in den Wassertretanlagen, Besuch des Heimatmuseums und Flanieren im Kurpark – so sieht die Eventkultur des 21. Jahrhunderts in der ehemaligen Bergbaustadt BAD LAUTERBERG aus.

▲

Mit der einleuchtenden Erklärung, dass »jede Menge Lehrer auf Sockeln herumstehen, aber Schülern, die sich derart anstrengen, noch niemals ein Denkmal gesetzt wurde«[73], ist in BAD SACHSA das einzige Schülerdenkmal der Welt errichtet worden.

▲

In WALKENRIED findet man ein Zisterzienserkloster, welches Adelheid von Clettenberg im Jahre 1129 gründen ließ, wozu sie Mönche vom Niederrhein importierte. Der sechzehnstündige Arbeitstag, ungeheizte Schlafräume, eine durch eine Mitternachtsmesse unterbrochene Nachtruhe und eine ausgewogene Ernährung ausschließlich durch Fastenspeisen führten sowohl zum wirtschaftlichen Erfolg als auch zum frühen Tod der Ordensbrüder. Mit seinen 73 Reliquien und 365 Fischteichen, den Gruben, Hüttenwerken, Mühlen, Brauereien, Glashütten, Weinbergen, Kellereien, Salzgütern, landwirtschaftlichen Betrieben sowie den Handels- und Umschlagplätzen in Goslar, Göttingen und Nordhausen war der »Konzern der weißen Mönche« eines der mächtigsten Unternehmen Nord- und Mitteldeutschlands, zudem man auch im Dienstleistungssektor aktiv wurde, also Sündenablass bei Schenkungen versprach sowie preisgünstige Gedenkgottesdienste anbot und mit Grabstätten handelte. Auch die PR-Maßnahmen wie ein Hospital und eine Apotheke für Arme trugen zum Renommee des Konzerns bei, der sich daher auch einen repräsentativen Klosterbau gönnte, welcher ab 1210 errichtet wurde und schon achtzig Jahre später fertig war.

Wen wundert es da, dass Sozialneid dazu führte, dass sich im Jahr 1525 800 Bauern des Klosters bemächtigten. Der Abt Paulus ließ in der Hoffnung, die Zerstörungen in Grenzen halten zu können, die Tore öffnen und bot den Bauern die Nahrungsmittelvorräte zur Mitnahme an. Die bewaffneten Landleute waren jedoch der Ansicht, dass ihnen mehr zustand und pflasterten mit den Büchern der Klosterbibliothek den Weg, um alles Wertvolle besser abtransportieren zu können. Was sie nicht mitnehmen konnten, zerstörten sie. Was sie nicht zerstören konnten, ließen sie achtlos liegen. Was achtlos liegen geblieben war, verschleuderten die Mönche in den nächsten Jahrzehnten. Die letzten von ihnen schlossen sich 1546 mehr oder weniger freiwillig der Reformation an. In den folgenden Jahrhunderten diente die Ruine des Klosters als Steinbruch.

▲

Sankt Andreasberg: »Selbst im Winter ist in St. Andreasberg alles voll Stadtleuten, die vor Langeweile mit Kinderschlitten die Berge hinunterrutschen oder sich mit den unklugen Schneeschuhen abmarachen, als wenn sie dafür bezahlt werden«[74], lästerte Hermann Löns über den Ort, was man aber nicht besonders ernst nehmen muss, weil er ja geistig niemals aus der öden Heide herausgekommen ist. Auch heute ist der heilklimatische Kurort, der gleichzeitig die höchstgelegene Bergstadt im Harz ist, ein nicht zu unterschätzendes alpines Skizentrum.

▲

Braunlage liegt am Boden beziehungsweise am Fuße des Wurmberges und wird von der Warmen Bode durchflossen. Der Ort gilt als Ganzjahresresort, weil man im Sommer wandern kann und im Winter Skifahren. Außerdem kann man mit der Seilbahn rauf und runter fahren und sich die Skisprungschanze runterstürzen. Muss man aber nicht. Wem das nicht hoch genug ist, erklimmt auch noch den Aussichtsturm. Vom Wurmberg, dem zweithöchsten Berg des Harzes, heißt es, dass er vor 3.000 Jahren ein heidnisches Heiligtum beherbergt haben soll. Hier sollen all die Sagen um den Hexensabbat entstanden sein, die später auf den Brocken übertragen worden sind.

1748 versuchte Herzog Carl I. von Braunschweig-Wolfenbüttel den Anbau der Kartoffeln zu forcieren. Und das angeblich nicht etwa, um sie zu essen oder essen zu lassen, sondern damit daraus Schnaps gebrannt werde, der dem Nordhäuser Korn Konkurrenz machen sollte. Das Unternehmen scheiterte kläglich. Ein Denkmal im Forstort Brandhai erinnert noch heute an dieses tollkühne Unternehmen.

▲

Hohegeiss zeichnet sich weniger durch den Ort selbst aus, als durch seine Umgebung, die aus einigen sehr schönen Tälern und Wäldern besteht, in denen man die dicksten Fichten des Harzes (fünf Meter Umfang) findet. Als Qualitätsmerkmal mag man auch ansehen, dass der Kurort als schneesicher gilt. Die Holzkirche tut aber nur so, als wäre sie eine. In Wirklichkeit handelt es sich dabei um einen Fachwerkbau, der außen mit Holz verschalt ist.

▲

Nicht weniger berühmt ist BENNECKENSTEIN, der Geburtsort des Organisten und Musiktheoretikers Andreas Werckmeister. Max Schmeling ist hier zum Ehrenbürger ernannt worden, weil er von 1934 bis 1936 mit der Olympiamannschaft in diesem Ort trainiert hat. Gesellschaftlicher Höhepunkt ist der alljährlich am Pfingstmontag stattfindende Singvögel-Trällerwettbewerb »Finkenmanöver«, der sich bei Jung und vor allen Dingen Alt großer Beliebtheit erfreut.

▲

Lästerliche Kreaturen behaupten, der Ort ELEND trüge seinen Namen völlig zu Recht, bedenken dabei jedoch nicht, dass diese Bezeichnung mit unserem heutigen »Elend« nur bedingt zu tun hat, sondern sich von dem mittelhochdeutschen Ellende ableitet, was so viel wie »anderes Land« (aber auch: »Verbannung«) bedeutet. Die Mönche aus Ilsenburg machten auf diese Weise deutlich, dass der Ort nicht zu ihrem Herrschaftsgebiet gehörte. Schon Wilhelm Raabe hatte keine allzu hohe Meinung von Elend – und missverstand in seiner Erzählung »Else von der Tanne« den Ortsnamen aus dramaturgischen Gründen wohl vorsätzlich:

> (E)r war im Elend aufgewachsen, und »im Elend« hieß die hungrige Waldgegend, in welcher sein Pfarrdorf lag. (...) (D)urch das Gestöber im Dunkel glimmten zwei oder drei Lichter seines Dorfes, doch da er wusste, welche thierische Verdummung, welche Schmach und wel-

Gegenüber: Zuversicht und Wohlstand
zeichnen den Harz aus

cher Jammer des Menschen um diese matten Flämmchen kauerten, so wandte sich sein Geist auch von ihnen ab.«[75]

In Elend gibt es übrigens die kleinste Holzkirche Deutschlands. Was ja auch irgendwie eine Leistung ist.

▲

Wer Elend sagt, muss naheliegenderweise auch Sorge sagen, das sich wiederum von Zarge ableitet und »Grenze« bedeutet. Nämlich die der Ländereien des Klosters Walkenried. Aber auch später passte der Name, denn hier verlief die Grenze zwischen Braunschweig und Preußen und zwischen der BRD und der DDR. Und heutigentags werden hier Niedersachsen und Sachsen-Anhalt voneinander getrennt. Deswegen, und vielleicht auch weil man keine anderen Attraktionen hat, gibt es hier ein Freilicht-Grenzmuseum.

Apropos Elend und Sorge. Bis 1989 konnte man über die Scherzfrage »Wo ist der Sozialismus zuhause?« und besonders über die Antwort »Zwischen Elend und Sorge« noch herzlich lachen, durfte man aber nicht. Heutzutage ist es oft umgekehrt.

▲

Nach Schierke kommt man, um wieder wegzugehen. Mit anderen Worten: Schierke ist der Ausgangspunkt vieler Wan-

derungen. Um Kurgäste gefügig zu machen, wurde hier der Schierker Feuerstein erfunden, »das regionale Kräuterschnapsgesöff ..., das ähnlich schmeckt wie Jägermeisterkümmerling.«[76] und nach einer hübsch anzusehenden Felsformation benannt ist. Ebenso ansehnlich: Die Schnarcherklippen am 696 Meter hohen Barenberg.

▲

ELBINGERODE (HARZ) gibt es auch.

▲

DREI ANNEN HOHNE ist eine kleine Ortschaft, die hauptsächlich (um nicht zu sagen: ausschließlich) aus einem Bahnhof besteht.

▲

Kein Text über WERNIGERODE kommt ohne den Hinweis aus, dass Hermann Löns die Ortschaft als »die bunte Stadt« bezeichnet hat – und so will auch ich diese Tradition fortführen und darauf hinweisen, dass »die bunte Stadt« (Hermann Löns) der Ausgangspunkt für die Züge der Schmalspurbahnen auf den Brocken ist. Das berühmteste Bauwerk der Stadt ist das Wernigeröder Schloss, bei dem es sich eigentlich um eine mittelalterliche Burg handelt, die jedoch durch diverse Umbauten im Laufe der Jahrhunderte zum »Neuschwanstein des Harzes« mit barocken und neugotischen Elementen wurde.

▲

In DRÜBECK gibt es eines der ältesten Klöster des Harzes, das in den Bauernkriegen dazu diente, zwecks Zeitvertreib und Einkommensverbesserung gelegentlich geplündert zu werden. Gleich neben Drübeck liegt DARLINGERODE, über das Björn Kuhligk nichts anderes zu berichten weiß, als dass er den beschaulichen Ort als eine »kleinstbürgerliche Häkelfresse«[77]

Gegenüber: Original Wernigeroder Dampflok aus dem 21. Jahrhundert wahrnimmt, was ich durchaus ungehörig finde und auch nur der Vollständigkeit halber zitiere.

▲

ILSENBURG ist – ich darf das wohl als bekannt voraussetzen – der Ausgangspunkt des Heinrich-Heine-Weges zum Brocken. »Noch heute gilt das Landhaus ›Zu den Rothen Forellen‹, das bereits seit 1574 existiert, als erstes Haus am Platz. Es liegt direkt am Ilsenburger Forellenteich, einem romantisch anmutenden kleinen See, der durch seine Stille und Einfachheit bezaubert. Heine war übrigens nicht der einzige berühmte Dichter, der hier speiste: Auch Friedrich Schiller und Hans Christian Andersen genossen an diesem Ort eine Mahlzeit«[78], weiß der Wandersmann Achill Moser zu berichten. Was gibt es noch in Ilsenburg? Natürlich ein Kloster (als hätten wir es nicht geahnt), ein Hütten- und Technikmuseum sowie eine ganz reizende Jagdpfalz.

Kehren wir nun um und in HALBERSTADT ein, obwohl dieses
»(n)icht sehenswert«[79] sei, wie der Reiseschriftsteller Horst
Krüger behauptet, was aber nicht stimmen kann, da es hier
immerhin einen bedeutenden Dom gibt. Und auch wenn man
sich dieser irrigen Meinung denn nun unbedingt anschließen
möchte, sei darauf hingewiesen, dass Halberstadt zumindest *hö-
renswert* ist. Aber natürlich nicht Halberstadt in toto, sondern
das längste Musikstück der Welt, dessen Spielzeit auf 639 Jahre
angelegt ist. Zu begutachten ist das John-Cage-Orgel-Kunst-
Projekt im Burchardikloster. Es trägt den schönen Namen
ORGAN2/ASLSP, wobei ASLSP für *as slow as possible – so
langsam wie möglich* steht. Eine programmatische Ansage also.
Auf der Internet-Seite www.john.cage-halberstadt.de kann man
sich einen ersten Höreindruck verschaffen, muss jedoch auch
zur Kenntnis nehmen, dass man sich als Sponsor zwar eines der
Jahre kaufen kann, die besten jedoch schon weg sind – zum Beispiel alle, die ich noch selbst erleben könnte. Was gibt es noch
an Gigantomanien in Halberstadt? Genau: das älteste erhaltene
Riesenfass Deutschlands, welches zirka 144.000 Liter aufnehmen kann und in den Jahren 1594 bis 1596 gebaut wurde, und
zwar als Gegenstück zum weltberühmten Heidelberger Fass.
Damit das nun auch endlich geklärt ist.

▲

LANGENSTEIN zu besuchen, ist die Pflicht eines jeden Harz-
wanderers, denn hier gibt es am Hohlweg zur Burg die berühmten, in Sandstein gehauenen Höhlenwohnungen zu besichtigen.
Der letzte Höhlenmensch hat hier bis 1916 ausgeharrt.

▲

BLANKENBURG war schon in der Altsteinzeit äußerst beliebt.
Und wurde immer beliebter, worauf zum Beispiel die Ruine der
»Raubritterfeste« Burg Regenstein mit ihren in Fels gehauenen

Gegenüber: Das Kloster Drübeck: eine
                            jahrhundertealte Schönheit

Räumen hindeutet. Ansonsten gibt es in Blankenburg alles, was so eine richtige Vorzeigevorharzstadt braucht: eine historische Altstadt, diverse Schlösser in unterschiedlichen Größen, mehrere öffentliche Gärten (Tiergarten, Schlossgarten, Lustgarten, Berggarten, Thiepark), ein Kloster (Michaelstein), einen Aussichtsturm (die Wilhelm-Raabe-Warte auf dem Eichenberg) und einen erstklassigen Wanderweg (die Teufelsmauer). Für Geschichtsfans ist vielleicht noch interessant, dass Blankenburg von 1786 bis 1798 dem späteren König Ludwig XVIII. von Frankreich und einigen hundert Vertretern des Hochadels samt ihren Lakaien und Claqueuren Asyl bot. Es ist anzunehmen, dass diese nicht in Flüchtlingscontainern hausen mussten, wie es sonst Asylsuchenden in Deutschland zugemutet wird. Und das nicht nur, weil es damals noch keine Container gab.

▲

In Quedlinburg finden sich auf 80 Hektar rund 1.400 Fachwerkhäuser, womit sich die Stadt selbstredend das Anrecht erworben hat, von der UNESCO als Weltkulturerbe geführt zu werden. Altehrwürdig – das ist wohl die richtige Umschrei-

bung für dieses städtebauliche Schmuckstück, das 922 die erste urkundliche Erwähnung fand, denn immerhin war hier eine Königspfalz zu finden. Später wurde Quedlinburg Hansestadt. Und noch später schmückte man die sowieso schon schmucke Stadt mit diversen Jugendstilbauten. In der Krypta der Kirche St. Servatius liegen der erste deutsche König Heinrich I. und seine Ehefrau Mathilde begraben. Heinrich Himmler betrieb einen ausgeprägten Kult um diesen Heini, als dessen Inkarnation er sich verstand.

Auch der Märchenerzähler Hans Christian Andersen sah sich gezwungen, diese Stadt zu besuchen:

Man denke, es gab da noch einen von den sechs Krügen, in denen Christus bei der Hochzeit zu Kanaan Wasser in Wein verwandelt hatte, ein Stück von dem Finger, mit dem Johannes auf Christus hingewiesen, eine Flasche voll von der Milch der Mutter Maria, Erde von Golgatha, Holz von dem Kreuz Christi und anderes mehr; und was

Quedlinburg weiß durch seine mittelalterliche Archi-tektur, ...

... bedeutenden Denkmäler, ...

Zur Erinnerung an unsere Oberschulzeit 1950 – 1954 in QLB

... romantischen Gassen ...

... und seine großzügige Gastfreund-schaft zu begeistern.

Gegenüber: In Wernigerode gibt es schöne Ecken

vor allem bemerkenswert war, den Kamm, mit dem Heinrich der Vogler seinen Bart gekämmt hatte.[80]

Der Raum Quedlinburg ist mit einem jährlichen Niederschlag von unter 500 Millimeter eines der regenärmsten Gebiete Deutschlands, wenngleich leider nicht das sonnenreichste.

▲

Im BALLENSTEDTER Stadtmuseum gibt es zwei Gedenkräume. Der eine ist dem Maler und Schriftsteller Wilhelm von Kügelgen gewidmet, der andere der Malerin Caroline Bardua. Nie gehört, die Namen? Macht nichts, ich auch nicht. Wahrscheinlich kennt niemand außerhalb von Ballenstedt (und hier auch nur die sieben Semiakademiker) die beiden. Dabei hat Herr von Kügelgen einiges geleistet: Zum Beispiel hat er 1837 den Ballenstedter Schachclub mitgegründet. Ebenfalls sehr wissenswert: Ballenstedt ist der Stammsitz der Askanier.

▲

Über das zu Quedlinburg gehörige GERNRODE ist in jedem besseren Reiseführer zu lesen, dass die hiesige St. Cyriakus-Basilika eines der bedeutendsten romanischen Sakralbauten Deutschlands ist. Ich kenne mich zu wenig mit romanischen Sakralbauten aus, als dass ich dem widersprechen könnte. Außerdem ist Gernrode der Ausgangspunkt der Selketalbahn. Was ich wiederum bestätigen kann. Aber Gernrode ist auch ein Ort der Höchstleistungen, denn hier gibt es sowohl das größte Wetterhäuschen als auch das größte Thermometer der Welt – *nicht* jedoch die größte Kuckucksuhr der Welt, denn die steht (wie wir in Bad Grund gelernt haben) in ... na wo? ... richtig: in Triberg im Schwarzwald.

▲

BAD SUDERODE: Erlauben Sie mir bitte, aus der Bad Suderöder Eigenwerbung zu zitieren:

Bad Suderode bietet seinen Gästen ein romantisches Badeerlebnis in sogenannten Klangwannen. Das Luxusbad kann allein oder zu zweit und mit Wildrosenöl, Badebier oder Meeresalgen genossen werden.

Für den kristallklaren Hörgenuss der besonderen Art wird ganz nach Wunsch Klassik, Pop oder Rock über die seicht schwingende Innenwanne übertragen.

Stimmungsvolles Licht mit wechselnden Farben unter der Wasseroberfläche macht die Entspannung vollkommen.

Zum Pauschal-Arrangement »Romantik für ZWEI« gehören neben dem gemeinsamen Bad in der Klangwanne ein sanftes Meersalzpeeling, eine einfühlsame Rückenmassage, ein romantisches Candle-Light-Mittagsmenü und 2 Übernachtungen mit Frühstück.[81]

Romantisches Badeerlebnis in seicht schwingender Innenwanne mit Candle-Light-Mittagsmenü – wer bis hier gelesen hat, ohne eingeschlafen zu sein, ist entweder tot oder frisch verliebt. Im letzten Fall sollte man vielleicht tatsächlich überlegen, bei diesem Topangebot zuzuschlagen; im ersten Fall helfen auch keine »vitalisierenden« Präventionsbäder im Behringer Brunnen mehr.

▲

In STECKLENBERG brennt alljährlich das größte Osterfeuer der Welt. Wäre interessant zu erfahren, was passiert, wenn ein anderer Ort anhebt, diesen Rekord zu brechen. Gibt es dann ein Osterfeuerwettrüsten? Und wie würde das enden? Mit dem Abfackeln ganzer Ortschaften? Oder gibt es ein Gentleman's Agreement, welches besagt, dass einzig Stecklenberg das größte Osterfeuer der Welt sein eigen nennen darf?

▲

THALE rühmt sich, ein altsächsischer Kultort zu sein, weswegen es hier einen Hexentanzplatz gibt, der jedoch hauptsächlich als »Großparkplatz mit Hotel und zahllosen Imbiss- und Souvenirbuden«[82] genutzt wird. Des Weiteren findet man hier noch die Walpurgishalle, das Harzer Bergtheater, einen Tierpark und eine Allwetterbobbahn. Etwas weniger rasant, aber trotzdem benutzenswert ist der Sessellift auf die Roßtrappe.

▲

HASSELFELDE: »Die Stadt Hasselfelde, 1043 erstmals urkundlich erwähnt und zu ottonischer Zeit Standort eines königlichen Jagdschlosses, spielte im Laufe ihrer Geschichte mit dem Feuer – sie brannte mehrmals vollständig ab, der letzte große Brand ereignete sich 1893«, weiß der ADAC Wanderführer nicht ohne eine gewisse Süffisanz zu berichten. Dazu passt, dass es hier das erste Köhlerei-Museum Deutschlands gibt. Weitere bedeutende Museen sind das Blumenau-Museum zu Ehren von Dr. Hermann Blumenau, der die Großstadt Blumenau in Brasilien gegründet hat, sowie Pullman City, was so eine Art Erlebnispark in Gestalt einer Westernstadt des 19. Jahrhunderts ist. In Hasselfelde wurde übrigens 1460 der berühmte Künstler Tilman Riemenschneider geboren, der uns allen – auch den Schülern auf den hinteren Bänken – durch seine prächtigen Gemälde ein Begriff sein sollte.

▲

HARZGERODE kann mangels Alternative völlig zu Recht sowohl Hauptstadt des Unterharzes als auch Zentrum des Unterharzer Bergbaus genannt werden. Das hiesige Schloss diente lange Jahre als Residenz des mächtigen Kleinfürstentums Anhalt-Bernburg-Harzgerode. Ansonsten gibt es ein 1901 erbautes, aber älter tuendes Rathaus und den Erlebnispark Albertine. Auch Hans Christian Andersen hat den Ort besucht und wusste folgendes zu berichten:

> Was mir hier am meisten behagte, war, dass die Uhr bereits auf Abend ging, als ich eintraf; ich brauchte also

nur vier bis fünf Stunden zu bleiben. Ansonsten war es wirkliche eine nette Stadt! – Gott bewahre! Die Straßen waren mit schwarz-weiß-geädertem Marmor belegt.
Ich spürte ein ungeheures Eilen in mir, um bloß wieder wegzukommen, ja, ich wünschte wirklich, im Galopp zu schlafen und die Zeit im gleichen Tempo vergehen zu lassen.[83]

Diese Zeilen sollten niemanden davon abhalten, persönlich nachzugucken, ob der Ort nicht doch inzwischen eine weltläufige Metropole geworden ist. Kann ja sein. Oder ist zumindest *theoretisch* möglich.

▲

GÜNTERSBERGE hat einige sehr sehenswerte Teiche, eine Kirche, eine Burgruine und 1.000 Einwohner. Sie ist damit die kleinste Stadt des Harzes. Als ob das noch nicht genug wäre, gibt es hier auch noch ein Mausefallen- und Kuriositätenmuseum.

▲

Wenn Bier, dann WIPPRA: Dort gibt es die nämlich die Museums- und Traditionsbrauerei Wippra/Harz. Und das seit 500 Jahren. Das nenne ich mal nachhaltige Entwicklung!

▲

Das »miserable MANSFELD«[84] (Joseph von Eichendorff) ist wohl vor allen Dingen als Wohnort der Familie Luther berühmt geworden. Und man soll nicht glauben, dass die Erforschung dieser Sippschaft als abgeschlossen angesehen werden darf, denn im Jahr 2003 wurde bei Straßenbaumaßnahmen endlich ihre Abfallgrube entdeckt. Die Archäologen sind immer noch ganz aus dem Häuschen, da nun »die Lebensumstände in einem wichtigen Lebensabschnitt der Familie Luther dokumentiert werden«[85] können.

Es kann nur einen geben

▲

In EISLEBEN wurde 1483 Martin geboren, der berühmteste
Sohn der Familie Luther. Und hier ist er auch 1546 während
eines kurzen Besuchs gestorben – wobei der Besuch ja vielleicht
sogar länger gewesen wäre, wenn der Herr Doktor sich nicht
dem spontanen Ableben hingegeben hätte. Unnötig zu erwähnen, dass es hier ein Museum gibt, das vornehmlich dazu dient,
das Andenken an den großen Sohn der Stadt aufrecht zu erhalten. Selbige Aufgabe hat auch logischerweise eine seit 1583 hier
hängende Gedenktafel – die damit möglicherweise sogar eine
von Deutschlands ältesten Gedenktafeln ist, was eigentlich eine
weitere Gedenktafel wert wäre.

▲

Entgegen anderslautenden Gerüchten ist SANGERHAUSEN
nicht der Ort, wo die Sänger hausen, sondern ein Rosenpara-
dies, dessen Wahrzeichen ein 61 Meter hoher Turm ist, der als
»schiefer Jakob« bekannt ist.

▲

Apropos schiefer Turm: BAD FRANKENHAUSEN rühmt sich,
mit dem Oberkirchturm den höchsten aller schiefen Türme

der Welt sein eigen nennen zu dürfen. Außerdem gibt es hier in der Oberburg den tiefsten Burgbrunnen der Welt (176 Meter). Wirklich berühmt ist hingegen das Kyffhäuser-Denkmal, welches dem »Barbarossa« genannten Kaiser Friedrich I., aber noch mehr Kaiser Wilhelm I. gewidmet ist. Von hier aus hat man voll den Überblick und kann mit ein bisschen Glück und Weitsicht den Harz und den Thüringer Wald erspähen.

Nicht weniger wichtig ist das Panorama-Museum, in dem das Riesengemälde »Frühbürgerliche Revolution in Deutschland« (Maße: 14 x 123 Meter) von Werner Tübke ausgestellt ist. Den zylindrischen Zweckbau mag man in der idyllischen Landschaft etwas deplatziert finden, trotzdem lohnt es sich, dem Museum einen Besuch abzustatten, um das während der DDR-Zeit entstandene Ölbild mit seinen 3.000 Figuren zu bestaunen.

In Frankenhausen entdeckte übrigens vor 200 Jahren der ortsansässige Arzt Dr. Manniske die Heilwirkung der Sole, als ihm auffiel, dass sich die Arbeiter, die bei der täglichen Salzgewinnung mit der Sole in Berührung kamen, überdurchschnittlicher Gesundheit erfreuten – was zur Folge hatte, dass man für Solebäder seitdem nicht mehr bezahlt wird, sondern bezahlen muss.

QUESTENBERG ist eine Metropole mit 300 Einwohnern, die nicht nur eine Rolandsfigur, sondern – muss man es extra erwähnen? – die Ruine der Questenburg beherbergt, deren Hauptattraktion selbstredend die Queste ist, also ein Kreuz als Symbol für den Lebensbaum. Dieser ganze Questenquatsch soll auf ein angebliches germanisches Questenfest zurückgehen.

▲

STOLBERG ist die Thomas-Müntzer-Stadt, weshalb es hier selbstverständlich eine entsprechende Gedenkstätte und ein Denkmal gibt. Das Rathaus ist deshalb ganz interessant, weil man eine Außentreppe benutzen muss, um von einen Stockwerk in das andere zu kommen. Über die Barockorgel in der St. Martini-kirche ist zu lesen, dass sie 1.568 Pfeifen und »damit mehr als Stolberg Einwohner hat«[86], von denen aber sicherlich auch einige Pfeifen sind. Eine weitere Stolberger Attraktion ist der 38 Meter hohe Aussichtsturm auf dem Auerberg, der Josephskreuz genannt wird. Für Leserinnen der Boulevardpresse ist vielleicht noch interessant, dass die am 15. Februar 1506 geborene Juliana von Stolberg, deren Eltern Graf Botho zu Stolberg und Anna von Eppstein-Königstein waren, im Alter von 17 Jahren den Grafen Philipp II. von Hanau-Münzenberg heiratete, dem sie fünf Kinder schenkte. Nach dessen Tod heiratete sie Graf Wilhelm von Nassau-Dillenburg und gebar weitere zwölf Kinder. Als Juliana am 18. Mai 1580 starb, hinterließ sie 160 Enkel und Urenkel, zu deren Nachfahren – und jetzt kommt die eigentliche Information, mit der Sie bei jedem Kaffeeklatsch auftrumpfen können – auch Seine Majestät König Willem-Alexander, König der Niederlande, Prinz von Oranien-Nassau, Jonkheer van Amsberg, Graf von Katzenelnbogen, Graf von Vianden, Graf von Diez, Graf von Spiegelberg, Graf von Buren, Graf von Leerdam, Graf von Culemborg, Marquis von Veere und Vlissingen, Baron von Breda, Baron von Diest, Baron von Beilstein, Baron der Stadt Grave und des Cuyker Landes, Baron von IJsselstein, Baron von Cranendonk, Baron von Eindhoven, Baron von Liesveld, Erb- und Freiherr von Ameland, Herr von Borculo, Herr von Bredevoort, Herr von Lichtenvoorde, Herr von 't Loo, Herr von Geertruidenbeerg, Herr von Klundert, Herr von Zevenbergen, Herr von Hoge und Lage Zwaluwe, Herr von Naaldwijk, Herr von Polanen, Herr von St. Maartensdijk, Herr von Soest, Baarn und Ter Eem, Herr von Willemstad, Herr von Steenbergen, Herr von Montfort, Herr von St. Vith, Herr von Bütgenbach, Herr von Dasburg, Erbburggraf von Antwerpen gehört.

▲

Über ILFELD (das in vielerlei Hinsicht vorbildlich ist, weil es dort, wie es sich für einen echten Harzort geziemt, eine Burg, ein Kloster, eine Klinik und ein Steinkohle-Besucherbergwerk gibt) und NORDHAUSEN (dessen Stadtbild von zwei riesigen Kornflaschen geprägt wird) fahren wir weiter nach ...

▲

... HEILIGENSTADT, wo sich Heinrich Heine 1825 der Taufe unterzog, in der vergeblichen Hoffnung, in der deutschen Gesellschaft fürderhin mehr Anerkennung zu finden. Am längsten hielt es Theodor Storm in der Stadt aus, der hier von 1856 bis 1864 als Kreisrichter wirkte und immerhin mehr als bloß wohlwollende Worte für Heiligenstadt fand: »Ich weiß nicht, dass ich schon jemals von der zauberhaften Schönheit eines Erdenflecks so innerlich berührt worden wäre.«[87] Berühmt gemacht hat er allerdings später allerdings Husum.

▲

Von hier aus kehren wir nach GÖTTINGEN zurück, an den Ausgangspunkt unserer Reise. Manch einer mag nun ausrufen wollen: Göttingen liegt nicht im Harz! Doch sobald er zu diesem Satz anhebt, werde ich ihm das Wort abschnei ...

Eine Kanne in Tanne

Der Herr Verleger holt mich frühmorgens ab, um diesen Sonntag dazu zu nutzen, den Harz zwecks Fotosafari zu durchstreifen, da der Wetterbericht fotogene Voraussetzungen vorhergesagt hat. Und so brechen wir von Braunschweig aus auf, fahren an Wolfenbüttel vorbei, über Goslar und Bad Harzburg in unser geliebtes Vorortgebirge.

Am Radauwasserfall, an dem es namensuntypisch noch wunderbar ruhig ist, machen wir kurz Station, um danach weiter in den Oberharz zu sausen, nach Sankt Andreasberg, immer wieder Halt machend an schönen Stellen, an denen sich unserer bescheidenen Meinung nach das Fotografieren lohnt.

In Tanne wollen wir das Ortsschild fotografieren, müssen bei der Gelegenheit allerdings zwei verzweifelten Braunschweiger Damen den Weg nach Bad Lauterberg erklären. Es stellt sich heraus, dass sich die beiden verfahren haben, weil auf der Strecke plötzlich ein Kreisel aufgetaucht sei, der vorher noch nicht da gewesen wäre, sodass ihr Orientierungssinn sie unvermittelt verließ. Der Herr Verleger gibt sich alle Mühe, ihnen den rechten Weg zu weisen. Und leistet bei der Gelegenheit auch noch gleich psychologischen Beistand.

Nachdem wir schließlich doch noch unsere Bilder geknipst haben, fahren wir in den Ort hinein und bremsen sogleich wieder gewagt ab, weil rechter Hand ein echter Harzer Imbiss zum Verweilen einlädt. Einen schottischen Namen trägt er und gemahnt damit ein wenig an McDonalds, hat aber in Wirklichkeit deutlich mehr Charme, wenn auch eher der rauen Art.

Wir sind nicht die einzigen, die hier an einem Sonntagmorgen um zehnhalbelf einkehren. Fünf echte Harzer Männer sind zum Frühschoppen zusammengekommen und trin-

Herkömmlicher Harzer Supermarkt

ken hopfenfrisches Flaschenbier. Unser Wunsch, Kaffee ohne Schuss zu uns zu nehmen, scheint ungewöhnlich zu sein, aber die zwei Damen vom Grill geben sich alle Mühe und setzen sogleich die betagte Kaffeemaschine in Gang, um uns ein frisch gebrühtes Bohnengebräu kredenzen zu können.

Die Wartezeit verbringen wir damit, den Gesprächen der Frühschopper zu lauschen, die sich über zwei ziemlich verzweifelte Braunschweigerinnen belustigen, welche sich soeben hier nach dem Weg erkundigt hätten. Dabei müssten sich diese, da sie ja aus Braunschweig kommen – also ja wohl nicht zum ersten Mal hier sind! – doch hier auskennen, schließlich sei man selbst ja auch mit den Straßen und Gassen der nahen Großstadt vertraut, zumindest mit einer – womit wohl unzweifelhaft auf die Bruchstraße angespielt wird, in der das horizontale Gewerbe seine Heimstatt hat.

An der Wand zeugen formschöne fabrikgefertigte Holzschilder von dem bodenständigen Harzer Humor, wie er hier gepflegt wird: »Hast du Lust, nimm einen zur Brust. Hast du Gelüste, nimm zwei Brüste«, heißt es da zum Beispiel. Auch ein Stihl-Kalender verhilft der heimeligen Einrichtung stilsicher zu einem erotischen Ambiente. Aber was verrät es uns über die Kundschaft des Ladens, dass an der Kasse die Visitenkarten eines ortsansässigen Pyrotechnikers ausliegen?

Irgendwann überwiegt die Neugierde der Ortsansässigen, sodass man bemüht ist, uns in das Gespräch mit einzubeziehen (»Die beiden warten doch schon eine Viertelstunde und wollten doch auch noch was essen!«), wofür sich die Herren aber einen Rüffel von der Wirtin einholen, die sogar androht, dem einen von ihnen kein Bier mehr auszuschenken, was ein anderer mit »Um so besser, ab jetzt gibt's nur noch Schnaps!« kommentiert.

Plötzlich jedoch muss einer von ihnen schnell aufbrechen, was ihn dazu animiert, sein Bier geübt herunterzustürzen, während wir uns nach draußen begeben, auf die Kaffeeterrasse, um gemütlich unser Robustabohnengetränk zu genießen. Der gute Mann eilt an uns vorbei und steigt in sein Auto, mit dem er sogleich den Parkplatz verlässt, nur um zwanzig Meter weiter zu halten und ein vielleicht zehnjähriges Mädchen einsteigen zu lassen – wohl das Töchterlein –, das vermutlich gerade vom Kindergottesdienst oder dem Sonntagsturnen kommt. Gemeinsam brausen sie dann ab, um – so stelle ich es mir vor – der Mutter zuhause beim Kochen von Gulasch oder Kohlrouladen zuzusehen.

Familienidylle im Ostharz.

Mädel im Wald

Wo wir schon mal in Tanne sind, muss ich auf den Film »Die Könige der Nutzholzgewinnung« zu sprechen kommen, zu dessen Starring der Tatort-Kommissar Peter Sodann und der Tatort-Reiniger Bjarne Mädel gehören. Des Weiteren wirken viele aus Tanne stammende Komparsen und Orte mit (unter anderem ist auch der besagte Imbiss kurz zu sehen), was durchaus zur Authentizität des Films beiträgt.

Die Story ist schnell erzählt: Krischan (gespielt von Mädel) kehrt nach zwölf Jahren nach Tanne zurück. Nachdem er mit seinen Kumpels ein Broiler-Unternehmen in den Sand gesetzt hatte, war er aus dem Ort geflüchtet, angeblich nach Kanada. Man ist daher auch nur bedingt begeistert, den Hallodri wiederzusehen. Aber immerhin bringt er etwas Farbe in das Dorf und das triste Leben seiner ehemaligen Freunde, mit denen er sogleich ein neues, Gewinn versprechendes Unternehmen plant: den 1. Internationalen Harzer Holzfäller-Wettbewerb. Wen wundert es, dass dem offensichtlich an Dyskalkulie leidenden ehemaligen Waldarbeiter nur mäßig Vertrauen entgegengebracht wird – schon gar nicht von seiner Ex-Freundin, mit der er inzwischen ein Kind hat, von dem er bislang nichts wusste. Und dem er zur freundlichen Begrüßung auch erst einmal einen Hang zum Übergewicht attestiert...

Der Alltag im Ostharz (und damit sind wir wohl in der Wirklichkeit angekommen) wird bestimmt durch Arbeitslosigkeit und die damit zusammenhängenden Zumutungen: Vorstellungsgespräche, Zwangsmaßnahmen, Sozialleistungskürzungen. Der Kapitalismus neoliberaler Prägung hat also Tanne nach der Wende in seine Klauen bekommen. Der Bürgermeister (gespielt von Sodann) steht diesem Wandel recht hilflos gegenüber. Sogar den Feuerwehrwagen muss seine Gemeinde verkaufen. Das Hauptnahrungsmittel der Tanner scheint daher der Schierker Feuerstein zu sein. Überhaupt bietet der Film ganz viel Lokalkolorit: Wälder, Berge, Hirsche beherrschen die Szenerie. Das ist mitunter durchaus idyllisch, jedenfalls wenn man Grillfisch mit Bier mag.

Ich will jetzt gar nicht *zu* viel erzählen, da ich meine, dass man sich den Streifen ruhig selbst anschauen sollte. Er ist eine wirklich gelungene kleine Komödie, deren Protagonisten mit mehr Glück als Verstand durch die Geschichte stolpern, um die Initiative über ihr eigenes Leben wiederzugewinnen. Der Gegner unserer Helden wider Willen ist die verwaltete Welt – wenn ich das mal, vielleicht nicht ganz ohne Pathos, so formulieren darf –, die sich besinnungslos den Marktzwängen unterworfen hat und durch schmierige Bauernfänger vertreten wird.

Der Film hat nicht nur viel Situationskomik zu bieten, sondern strahlt auch so eine hübsche Melancholie aus, die durch den ironisch anmutenden folkig-countryesken Soundtrack noch unterstützt wird, sodass es durchaus Spaß macht, ihn sich ein zweites Mal anzuschauen, zudem Mädel so impertinent und penetrant ist, wie nur *er* es sein kann. Applaus, Applaus!

PS Tanne durfte sich bis 1996 als »Höhenluftkurort« bezeichnen. Seitdem gilt der Ortsteil der Stadt Oberharz am Brocken nur noch als »staatlich anerkannter Luftkurort«. Derzeit spart man darauf, sich das Prädikat »Luftkurort« zurückkaufen zu können. Kein Witz!

PPS Einen Internationalen Holzfäller-Wettbewerb gibt es in dem Ort seltsamerweise bis heute nicht.

Harzreisen im Vergleich

Wir sprachen ja schon darüber: Der Harz scheint eine große Anziehungskraft auf Künstler im Allgemeinen und Literaten im Besonderen auszuüben. Die durch den Harz schwappende »Wanderwelle«, spottet der Braunschweiger Harz-Kenner Eckhard Schimpf, hat »bis heute« etwas »fast Zwanghaftes«[88]. Woran liegt das?

Schauen wir uns doch einige Werke, die durch den Besuch des Gebirges inspiriert wurden, etwas genauer an.

Der wohl berühmteste Harz-Berichterstatter ist Johann Wolfgang von Goethe, der überhaupt einer der reisefreudigsten Schriftsteller seiner Zeit war. Er soll auf seinen Reisen insgesamt 37.765 Kilometer zurückgelegt haben, was für heutige Verhältnisse natürlich gar nicht mal so viel ist. Erst die Tatsache, dass er diese Strecke mit der Kutsche, mit dem Pferd oder zu Fuß zurückgelegt hat, rückt die Zahl ins rechte Licht.

1777 trieben ihn die unerfüllte Liebe zu Charlotte von Sein, aber auch ermüdende Regierungsgeschäfte zum ersten Mal in den Harz. In jenen Jahren lebte er in der Kunst- und Kulturmetropole Weimar (6.000 Einwohner), der Hauptstadt des Operettenstaates Herzogtum Sachsen-Weimar-Eisenach. Als er dorthin übersiedelte, war gerade das hiesige Schloss abgebrannt, und es fehlte sogar der Anschluss an die Postkutsche. Mehr Provinz geht nicht.

Er diente seinem Freund, dem Herzog Carl August, in verschiedenen Funktionen als Berater und versuchte unter anderem, dem Ilmenauer Bergbau zu neuer Blüte zu verhelfen. Der Maler Johann Wolfgang Weber aus Darmstadt (so seine Tarnung) nutzte die Zeit daher auch, um in den Harzer Bergwerken im Auftrag seines Fürsten Betriebsspionage zu betreiben.

Ein erster literarischer Niederschlag seiner Harz-Expeditionen ist in seinem Gedicht »Harzreise im Winter« zu finden, wobei gesagt werden muss, dass der Harz eigentlich nur im Ti-

Gegenüber: Die katholische Kirche bietet Hilfe beim Ertrinken.

tel und (mit gutem Willen) in einigen kurzen Passagen wie der nachfolgenden zu erkennen ist.

> Im Dickichtschauer
> Drängt sich das raue Wild,
> Und mit den Sperlingen
> Haben längst die Reichen[89]
> In ihre Sümpfe sich gesenkt.

1799 folgte die Ballade »Die erste Walpurgisnacht«, die schon alles hat, um den Brocken zu einem Mythos zu machen:

> Schreckliche, verhexte Leiber,
> Menschenwölf und Drachenweiber!
> Welch entsetzliches Getöse!
> Sieh, da flammt, da zieht der Böse!
> Aus dem Boden
> Dampfet rings ein Höllenbroden.[90]

In einen Brief an Zelter aus dem Jahre 1812 lieferte Goethe eine Art Inhaltsangabe seines Gedichtes. Das Schreiben ist auch deshalb aufschlussreich, weil es zeigt, wie der Mythos vom Brocken geschaffen wurde:

> So hat nun auch einer der deutschen Altertumsforscher die Hexen- und Teufelsfahrt des Brockengebirges, mit der man sich in Deutschland seit undenklichen Zeiten trägt, durch einen historischen Ursprung retten und begründen wollen. Dass nämlich die deutschen Heidenpriester und Altväter, nachdem man sie aus ihren heiligen Hainen vertrieben und das Christentum dem Volke aufgedrungen, sich mit ihren treuen Anhängern auf die wüsten unzugänglichen Gebirge des Harzes im Frühlingsanfang begeben, um dort, nach alter Weise, Gebet und Flamme zu dem gestaltlosen Gott des Himmels und der Erde zu richten. Um nun gegen die aufspürenden bewaffneten Bekehrer sicher zu sein, hätten sie für gut befunden, eine Anzahl der ihrigen zu vermummen, und hierdurch ihre abergläubischen Widersacher entfernt zu halten und, beschützt von Teufelsfratzen, den reinsten Gottesdienst zu vollenden.[91]

Auch in anderen Bereichen seines Schaffens hat der Harzaufenthalt Spuren hinterlassen, unter anderem in der Geologie, der Mineralogie und der Biologie. Zugegebenermaßen mit zweifelhaftem Erfolg.

Seine zweite Harzreise unternimmt er 1783. Er folgte der Einladung des Halberstädter Domherrn Ernst Ludwig von Spiegel, die er auch deshalb gerne annahm, weil im nahen Langenstein Madame de Branconi residierte, die als eine der schönsten Frauen ihrer Zeit galt. Außerdem konnte er gleichzeitig seine geologischen Studien betreiben, die ihn am 11. September zur Roßtrappe bei Thale führten. Die erkletterte er zusammen mit Fritz von Stein, dem Lieblingssohn der von ihm immer noch schwer verehrten Charlotte.

Weiter ging es nach Blankenburg und Halberstadt, wo er Johann Wilhelm Ludwig Gleim besuchte, der sich später bei Herder über diesen Besuch beschwerte:

> Könnt' ich mich rühmen, daß ich Euren Goethe gefunden hätte ..., so bät' ich, auch den zu grüßen; ich hab' ihn aber nicht gefunden, er war mir hier zu kalt, zu hofmännisch und dort (in Weimar) zu feurig und stolz – ich lieb' ihn aber doch, wie man ein Mädchen liebt, von welchem man geliebt zu werden keine Hoffnung hat«[92]

Und überhaupt sei dieser Dichter ein ganz anderer als man denkt: »Unter vielen Fremden haben wir auch den herrn Geheimen Rath von Göthe bey uns gehabt, nicht Göthen, dieser, glaub' ich, ist nicht mehr.«[93] Die Abneigung beruhte auf Gegenseitigkeit, denn auch Goethe war von Gleim, den er als »Truthahn« bezeichnete, nur mäßig angetan.

Die dritte Harzreise 1784 führte den Dichterfürst wieder in diverse Höhlen und Bergwerke, aber auch auf die Burgruine von Scharzfeld. Staatsgeschäfte forderten von ihm diesmal, sich nach Braunschweig zu begeben. Zu seinem großen Bedauern konnte er aufgrund dieses diplomatischen Ausflugs seine Geburtstagsfeier nicht auf dem Brocken begehen. Alljährlich daran mit einem monumentalen Festakt zu erinnern, wäre heute sicherlich ein hübscher Tourismusevent.

Die vierte Harzreise am 14. und 15. August 1805 bleibt in der Literatur meist unerwähnt, wohl weil sie nur ein Ausflug war, der dazu diente, seinem Sohn die wilde Landschaft des Bodetals zu zeigen, weshalb die beiden unter anderem auch die Roßtrappe erklommen.

Fazit: Goethes Reisen waren in vielerlei Hinsicht wichtig. Leider versäumte er es, einen umfassenden und in sich geschlossenen Bericht abzuliefern, sodass es schwierig ist, sich ein abschließendes Urteil zu bilden. Immerhin flossen seine Reiseerlebnisse und -erkenntnisse in sein Werk ein, vor allem in die Tragödie »Faust«, die wagemutigen Theaterregisseuren eine gute

Das ist ein Blumenkasten

Gelegenheit bietet, mal wieder sexy Hexen und geile Gretchen mehr oder weniger nackt auf die Bühne zu bringen. Ansonsten gibt's den »Faust« natürlich in diversen Versionen: gespielt, gesungen, getanzt, gerappt und verfilmt. Auf dem Brocken wird er Jahr für Jahr als Rockoper von Rockopas und -omas aufgeführt. Was er uns mit dem »Faust« sagen will? Goethe wusste es selber nicht. »Da kommen sie und fragen: welche Idee ich in meinem Faust zu verkörpern gesucht? – Als ob ich das selber wüßte und aussprechen könnte«[94], bekannte er gegenüber seinem Vertrauten Johann Peter Eckermann.

1824 (der klassisch gewordene Dichterfürst war bereits zu einem Denkmal seiner selbst erstarrt) brachte ein gewisser Heinrich Heine am Rande einer Harzreise dem Herrn von Goethe in Weimar seine Ehrerbietung entgegen – ein Zusammentreffen, das für beide enttäuschend gewesen sein soll, da Heine vor lauter Ehrfurcht wohl recht befangen war und sich – ganz im Gegensatz zu seinen sonstigen Gewohnheiten – eher linkisch verhielt, während sich der Gastgeber höfisch-höflich und bis auf das Notwendige distanziert gab.

Immerhin profitierte Heine schließlich doch noch von dieser Fahrt, die ihn von Göttingen über den Brocken nach Ilsenburg führte, indem er einen Erlebnisbericht seiner vierwöchigen Fahrt verfasste, der sein erster großer Publikumserfolg werden sollte, auch wenn er selbst »Die Harzreise« lediglich als noch auszuarbeitendes »Fragment« empfunden haben soll, dessen »bunte Fäden, die so hübsch hineingesponnen sind, um sich im Ganzen harmonisch zu verschlingen, ... plötzlich, wie von der Schere ... abgeschnitten wurden.« Das Werk sei, so Heine, eine »Mischung von Naturschilderung, Witz, Poesie und Washington Irvingscher[95] Beobachtung.«[96]

1826 erschien »Die Harzreise« in der Berliner Zeitschrift »Der Gesellschafter«, auch wenn der Bericht in Hinblick auf die Zensur abgemildert werden musste, denn Heine sparte keineswegs an bissigen Kommentaren, mit denen er die Zustände in Deutschland geißelte. Noch im selben Jahr erschien eine überarbeitete Fassung in Buchform, eingebunden in den ersten Band seiner »Reisebilder«, der auch die beiden Gedichtzyklen »Die Nordsee« und »Heimkehr« enthielt.

Auch im 21. Jahrhundert sollten sich angehende Germanisten nicht scheuen, einige seiner in der »Harzreise« publizierten Verse auswendig zu lernen, weil sie stilistisch perfekt und inhaltlich wegweisend sind. Diesen hier zum Beispiel:

Auf die Berge will ich steigen,
wo die dunkeln Tannen ragen,
Bäche rauschen, Vögel singen,
und die stolzen Wolken jagen.[97]

Diese vier Zeilen deuten vielleicht schon an, dass »Die Harzreise« keineswegs eine rein satirische Angelegenheit ist. Vielmehr finden sich in dem schmalen Buch auch die allerschönsten Beispiele für seine romantische Ader:

Tannenwälder wogten wie ein grünes Meer, und am blauen Himmel oben schifften[98] die weißen Wolken. Die Wildheit der Gegend war durch ihre Einheit und Einfachheit gleichsam gezähmt. Wie ein guter Dichter liebt die Natur keine schroffen Übergänge. Die Wolken, so bizarr gestaltet sie auch zuweilen erscheinen, tragen ein weißes oder doch ein mildes, mit dem blauen Himmel und der grünen harmonisch korrespondierendes Kolorit, so dass alle Farben einer Gegend wie leise Musik ineinanderschmelzen und jeder Naturanblick kampfstillend und gemütberuhigend wirkt.[99]

Zugegebenermaßen hält Heine diese Position nicht gänzlich durch, denn mitunter endet etwas, was harmonisch begonnen hat, doch wieder in ironischen Sottisen:

Die wunderlichen Gruppen der Granitblöcke werden hier erst recht sichtbar; diese sind oft von erstaunlicher Größe. Das mögen wohl die Spielbälle sein, die sich die bösen Geister einander zuwerfen in der Walpurgisnacht, wenn hier die Hexen auf Besenstielen und Mistgabeln einhergeritten kommen und die abenteuerlich verruchte Lust beginnt, wie die glaubhafte Amme es erzählt und wie es zu schauen ist auf den hübschen Faustbildern des Meister Retsch.[100]

Liest man sich die Berichte anderer berühmter Dichter über ihre Harzreisen durch, fällt auf, dass auch diese nicht an Spott sparen. Nicht so Hans Christian Andersen – dieser gilt weiterhin als reiner Romantiker, über dessen Lippen niemals ein böses Wort gekommen ist. Was daran liegt, dass Andersen zu Lebzeiten nur eine abgeschwächte Version seiner »Schattenbilder« veröffentlichen ließ, die der satirischen Elemente beraubt war, wohl um seine literarische Karriere nicht zu gefährden. Liest man jedoch die folgenden Verse des dänischen Märchenonkels, stellt man fest, dass auch diese vor Ironie nur so strotzen:

> Dort steht ein Mädchen! – Nackt mit weißem Bein,
> So schlank und hübsch, es könnte eine Weide sein,
> Sie wäscht und wendet mir den Rücken zu.
> Doch ihr Gesicht, es lässt mir keine Ruh.
> Ha, was ist das! – Versagt mir hier der Zauberstab.
> Sie trotzt! Gleichwohl ich im Gedicht sie hab!
> Wie sie da steht, so will ich sie bewahren,
> So soll sie stehen und ihren Willen haben.
> So ist das Ganze, denn wo Licht ist, ist auch Schatten,
> Und von dem Mädchen wir auf immer nur den Rücken hatten![101]

Besonders beeindruckt zeigt sich der dänische Märchenerfinder (»Der kleine Zinnsoldat«, »Die kleine Meerjungfrau«, »Die Schneekönigin« und »Das kleine Mädchen mit den Schwefelhölzern«) zwar von der Harzer Sagenwelt – in der ursprünglichen Fassung äußert er sich jedoch auch zu politischen Fragen und verleiht seiner Sympathie für den polnischen Freiheitskampf Ausdruck.

Mit Goethes, Heines und Andersens Werken waren die Blaupausen geschaffen, an denen sich seitdem die Künstler orientieren, wenn sie sich dem Harz nähern. Besonders die Romantiker projizierten ihre Vorstellungen einer »idealen Landschaft« in dieses Gebirge. Der Harz ist schön, na klar – aber in den Bildern von Caspar David Friedrich und Ludwig Richter wird er mythisch überhöht. Oder nehmen wir den Dichter Victor von Scheffel, der auf der Suche nach Kontemplation und Inspiration die zugigen Gipfel des kleinen Gebirges erklomm. Seine Brockenbesteigung brachte er in Reimform:

Wir stiegen zum Brocken in Nebel und Wind
Empor von Wernigerode
Und stiegen, geschmückt mit dem Brockenstrauß,
Fröstelnd zu Thal und marode.[102]

Hier ist sie wieder: Die Schönheit des Harzes, die anscheinend reizt, sich ihr mit sanftem Spott zu nähern.

Ein weiteres Beispiel: Theodor Fontane, der Thale und das Bodetal nicht nur zum touristischen Aufenthalt, sondern auch als Schauplatz seines Romans »Cécile« nutzte. »Die Hexen sind hier Landesprodukt und wachsen wie der Rote Fingerhut überall auf den Bergen umher. (...) Die Landschaft ist hier gesättigt mit derlei Stoff, und was mich persönlich angeht, so darf ich nicht verschweigen: Als ich das Bodetal passierte, war mir's, als ob hinter jedem Erlenstamm eine Hexe hervorsähe«[103], erinnert er sich. Hier haben wir wieder die Elemente, die den Kult um den Harz begründen: die Landschaft, die Hexen – und den Humor.

Schön ist zum Beispiel, wie er die anderen Urlauber klassifizierte. Nämlich in »Kraftmeier« (»Sie stiegen aus, würdigten das Hôtel, als einer Stätte der Verwöhnung, keines Blickes, rückten sich den Spitzhut, der einen Eichenzweig und bei einigen sogar einen Gemsbart trug, kriegerisch zurecht, zogen den Rock aus und nahmen die Roßtrappe sofort im Sturm.«), »Renommisten« (»Unglücklich der arme Harzer Guide, der sich einem solchen Rottenführer näherte, um ihm und seinem Trupp seine Hilfe anzubieten. Mit souveränem Lächeln, wie es nur der aufschlagen kann, der seinen Baedeker in der Tasche führt, ging es an solchen Unglücklichen vorüber, Karte in Hand, auf den Hexentanzplatz los.«), »Elegants« (»Sie standen immer als liebenswürdige Schwerenöter an der Spitze weiblicher Heerscharen.«) und »Dicke« (»Kurzbeinig, kurzhalsig, apoplektisch, rot und schweißtriefend tänzelten sie über den Kiesweg in das Hôtel hinein, setzten gleich mit Sodawasser ein und erzählten von Touren, die sie vorhätten, daß einem trotz der Hitze ganz kalt werden konnte.«[104]). Man möge sich als heutiger Harzrei-

Gegenüber: Dicke Wernigeroderin, halb fertig

sender doch einmal die Mühe machen, zu untersuchen, ob die Verhaltensweisen unserer Zeitgenossen von dem Gebaren der damaligen Sommerfrischler so viel abweichen.

Verlassen wir nun das 19. Jahrhundert, um uns mit raschen Schritten der Gegenwart zu nähern. Lesen wir daher das 1990 geschriebene Buch »Die Wiederentdeckung des Gehens beim Wandern« des ostdeutschen Lyrikers und Essayisten Thomas Rosenlöcher. Situationskomik, Sprachwitz und Selbstironie reichen sich hier die Hand und lassen die Lektüre des Buches zu einem wahren Vergnügen werden, obwohl gar nicht *so* viel passiert während seiner Wanderung. Wobei es nicht stimmt, dass gar nicht so viel passiert, immerhin unternimmt Herr Rosenlöcher seine Reise unter erschwerten Bedingungen, denn ei-

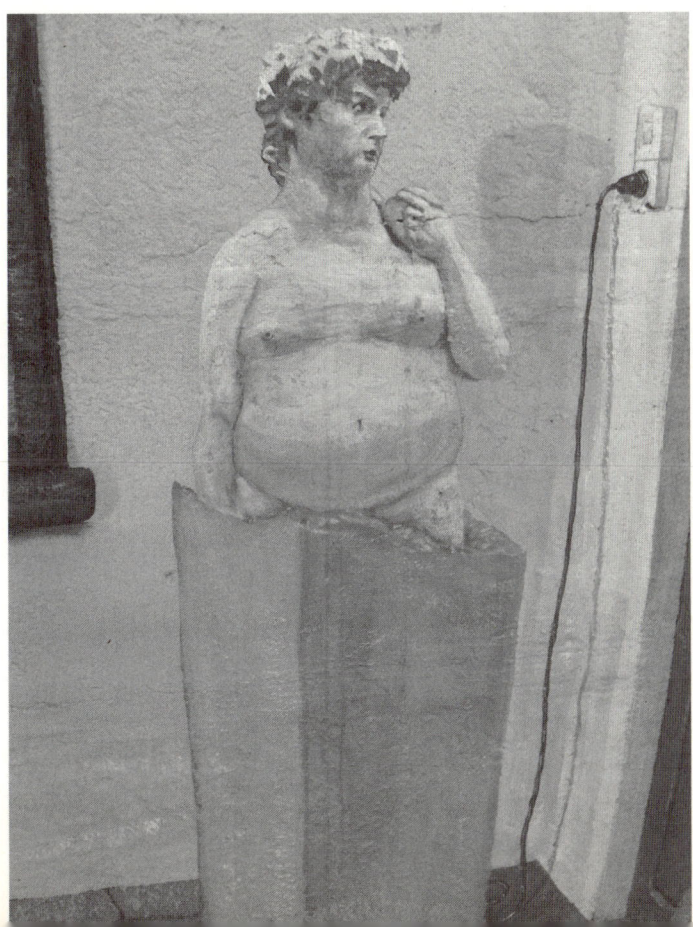

nem Freund, den er huldvoll St. Ernst nennt, hat er leichtfertig versprochen, sich auf seiner Reise niemals eines Verkehrsmittels zu bedienen, sondern sich dem reinen, ungetrübten Wandern hinzugeben. Was er schon bald bereut, denn in Tanne »ging mein Hinken schon ins Heroische«.[105]

Nach weiteren Unbilden – gulaschgesichtige Gastwirte, gulagartige Gasthöfe – ist es nicht verwunderlich, dass Herrn Rosenlöcher die Lust vergeht, die Harzreise bis zum bitteren Ende durchzuführen, zudem er auch kulinarisch nicht gerade verwöhnt wird, denkt man zum Beispiel an das Hühnerfrikassee, das ihm im Thaler Hotel »Zum Wilden Jäger« kredenzt wird – und das »leider wie frisch erbrochen aussah«[106]. Nur seiner schier übermenschlichen Willensstärke (und weil ihm seine Frau verbietet, vorzeitig nach Hause zu kommen) ist es zu verdanken, dass er doch noch den Höhepunkt einer jeden Harzreise, die Besteigung des Brockens, todesmutig in Angriff nimmt. Anders jedoch als bei Goethe und dessen frühen Epigonen zeichnet diese sich diese keineswegs durch ausgeprägte Einsamkeit aus:

> Von unten ein Lärmen wie in Bädern zur Hochsaison:
> Das war die Brockenstraße und auf dieser Brockenstraße
> eine Hauptwandergruppe von zirka 80 Leuten; darunter
> vor allem die Frauen von Lachkrämpfen geschüttelt. Eine
> Weile wartete ich, um diese Hauptwandergruppe an mir
> vorbeizulassen, doch als sie vorüber war, kam schon die
> nächste Hauptwandergruppe, solange, bis ich begriff,
> daß auch sie nur Bestandteil einer endlosen Hauptwan-
> dergruppe war. [107]

Trotz diverser Widrigkeiten – sohlenlose Schuhe, seelenlose Touristen – nähert sich Rosenlöcher dem Gipfel des mächtigen Eintausenders:

> Sämtliche Hundertschaften waren schon vor mir da,
> so daß ich das Brückenplateau erst mit der restlichen

Menschheit erreichte: entlang an den Betonplatten, hinter denen aus Sicherheitsgründen die kleinen Hexenfichten eingemauert waren. Oben hatten sich die weißbärtigen Männer in einem Kreis aufgestellt und knallten mit den Angelruten, was sicher ein Harzbrauch war.[108]

Ich hoffe, dass es mir gelungen ist, Ihnen Lust auf die Lektüre des Rosenlöcherschen Werkes zu machen, da es von allen Harz-reiseberichten einer der schönsten ist und sich keineswegs hinter dem Heineschen Original zu verstecken braucht, zudem wir einiges erfahren über Deutschland und den Harz im Jahre der beiden großen W's: Wiedervereinigung und Weltmeisterschaft. Jede Wette: Nach der Lektüre des Buches werden Sie nie wieder ein Bier bestellen können, ohne an Herrn Thomas Rosenlöcher zu denken und dessen traurige Versuche, einen Gerstensaft zu bestellen.

Der passionierte Lyriker Björn Kuhligk und der Poly-Stipendiat und Multi-Preisträger Jan Wagner beziehen sich mit ihrem 2007 erschienenen gemeinsamen Harz-Reisebericht »Der Wald im Zimmer« ganz explizit auf Heinrich Heine:

Wir fahren mit einer Bimmelbahn Richtung Northeim. Der Waggon ist gefüllt mit vielleicht dreißig Schülern und ebenso vielen Handys. (...) Würde uns einer von den Pubertierenden fragen, was wir denn gerade so machen, und wir wären so entrückt, es ihnen zu sagen – Heine und so –, meine Fresse, die würden uns ansehen, als hätten wir sie nicht mehr alle.[109]

Auch sie besteigen selbstverständlich den Brocken. Und machen dabei ähnliche Erfahrungen wie Thomas Rosenlöcher:

Ganze Ausflugsgruppen zünden sich schon vormittags dermaßen mit Schnäpsen die Köpfe an, daß selten noch stabil und einwandfrei gelaufen wird. Auch die Fit-for-fun-Fraktion mit ihren Mountainbikes, Sportklamotten und Kickboards sind[110] da. Kurzum: Alles, womit man nichts zu tun haben möchte. Bei der Betrachtung dieser Ballung menschlicher Abgründe und Verhaltenskrüppeleien mutiere ich zu fleischgewordener Verachtung.[111]

Wenn man diese Auszüge liest, kann man den Eindruck bekommen, dass es den beiden an romantischer Vorstellungskraft mangelt. Doch das täuscht, denn auch den Berliner Poeten sind die Worte »Ich bin die Prinzessin Ilse / Und wohne im Ilsenstein; / Komm mit nach meinem Schlosse, / Wir wollen selig sein.«[112] durchaus ein Begriff. Heine war es ja, der der Sage von der Prinzessin Ilse – und damit ihr selbst – zu ewigem Leben verhalf. Und auch heute gilt noch: »Die Ilse / will se«[113]:

Vorerst aber folgen wir dem Pfad, der immer am Wasser entlang um einen von Wurzeln umschlungenen Findling biegt, und stoßen unvermittelt auf ein Mädchen, das auf einen Baumstumpf am Wegrand sitzt und den Bach auf seinem Weg ins Tal betrachtet. (...) Und erst nachdem wir einige Minuten gelaufen sind, jeder mit seinen eigenen müden Gedanken beschäftigt und eingelullt vom Rhythmus der Füße, wird uns klar, wer es war, die wir da eben vor uns gehabt haben. Ein Mädchen ohne jede Tasche und Ausrüstung, weitab von den nächsten Häusern, prinzessinnenblond und etwas wehmütig lächelnd am Ufer der Ilse und unweit des Ilsensteins – hätte es da noch des Badens im Gebirgswasser oder der »flötensüßen Stimme«, von der Heine schreibt, bedurft?[114]

Nachdem er so viel erlebt und überlebt hat, wie mag da das Resümee ausfallen? Na, so natürlich:

Es war September, die Füße, die Schultern schmerzten, selbst ungeahnte Körperregionen taten weh. Wir haben ungefähr 200 Kilometer zu dem zu fügen, was man eh zusammenläuft. Die Sonne schien jeden Tag, auch der Mond, die Sterne, die Hirsche ein bißchen, und wir bereuen nichts.[115]

Je ne regrette rien. Kann es ein schöneres Fazit einer Reise geben?

Blöde Frage: natürlich nicht.

In ihrem Buch versuchen sich die beiden Autoren gewissermaßen an einem Update der Heineschen Vorlage. Tagebuchähnliche Einträge wechseln sich ab mit kleinen Prosa-Gedichten und anderen wunderbaren Ungereimtheiten, in denen sie sich Gedanken machen über die Städte und Landschaften des Harzes sowie über seine tierischen und menschlichen Bewohner.

Auch der Profiwanderer Achill Moser reist in seinem 2008 erschienenen Buch »Nimm nur mit, was du tragen kannst« ebenfalls ausdrücklich auf »(d)en Spuren Heinrich Heines durch den Harz«, macht aber von Anfang an klar, dass es ihm nicht um eine Vergnügungsfahrt geht, sondern dass die Tour der forcierten Entspannung dient:

> Ich wollte den trüben Glanz der Großstadt gegen die Einsamkeit von Wäldern, Wiesen und Bergen eintauschen, wo ich endlich einmal wieder meinen Körper spüren könnte: den harten Schritt auf der Landstraße, den weichen in Wald und Wiese. Ich wollte wieder schauen, um wirklich zu sehen, wollte wieder richtig hören, riechen und tasten – und wollte mich vom Wind durchpusten lassen, die Nässe des Regens auf der Haut fühlen, unter dem weiten Schwung der Milchstraße im Freien schlafen und meine Hände in den weichen Erdboden stecken.[116]

Weil es nicht eine rein touristische Entdeckungsfahrt sein soll, sondern auch eine Reise in das eigene Ich, setzt er sich eine Bedingung, die einem bekannt vorkommt: Zu Fuß will er den Harz durchqueren, per pedes, auf Schusters Rappen: »(i)n einer Geschwindigkeit, in der die Seele Schritt hält.«[117]

Aber warum ausgerechnet den Harz? Warum nicht das Weserbergland? Den Hunsrück? Die Sächsische Schweiz? Den Treptower Park? Wenn man Moser Glauben schenken will, nur deshalb, weil ihm die Vorsehung aufgetragen hat, ein vergilbtes Exemplar der Heineschen Reisebilder auf einem Bazar in Timbuktu zu erwerben:

> Ein Zufall?
> Ich entschloss mich, das Buch zu kaufen, kramte etwas Geld aus der Hosentasche und gab es dem Tuareg, der für einen kurzen Moment seinen dunklen Gesichtsschleier beiseiteschob – und mich anlachte.
> Es gibt keine Zufälle im Leben, dachte ich.

Zufall ist es wohl auch nicht, dass Achill Moser seinen 15-jährigen Sprössling auf diese Reise mitnimmt – vielmehr ist pädagogische Absicht zu vermuten. Noch vor der Abfahrt gibt er ihm einen guten Rat mit auf den Weg: »Pack nur ein, was du unterwegs auch brauchst. Nimmt nur mit, was du tragen kannst.« Und bemerkt dabei, dass er en passant zum Philosophen geworden war:

> Es waren Worte, die mich schon seit Jahren begleiten und die mir gleichsam Entlastung und Unterstützung sind. Worte, denen ein Lebensgefühl innewohnt, nach dem ich mich selbst auszurichten versuche. Worte, die mir sagen: »Wirf einfach allen Ballast ab, und mach dir nicht immer so viele Sorgen. Beschränke dich auf das Wesentliche, und lade dir nur so viel auf die Schultern, wie du auch wirklich bewältigen kannst. [118]

Die beiden beginnen ihre Reise – nach Heinescher Art – selbstverständlich in Göttingen. Eine Stadt, die einen zwiespältigen Eindruck hinterlässt, was auch daran liegt, dass sie eine Kneipe in der Nähe des Bahnhofs aufsuchen, die so ist, wie Kneipen in Bahnhofsnähe nun mal sind:

> Es herrschte gedämpftes Licht und roch nach abgestandenem Rauch. An den Wänden hingen traditionsselige Schützenwappen, kinderstubenkitschige Figuren und

Wandteller mit altdeutschen Sinnsprüchen. Trotz der nachmittäglichen Stunde zog die Leute offensichtlich eher der Thekenbetrieb an als die Speisekarte.[119]

Gut, dass sie diese typisch niedersächsische Tristesse irgendwann hinter sich lassen können, nun endlich kann sich der Harz von seiner schönsten und grünsten Seite zeigen:

> Und plötzlich hatte ich das Gefühl, als würde von diesen Bäumen und dieser Stille etwas Magisches ausgehen, eine Art geheimnisvoller Widerhall. So wie Menschen früher mystischen Orten im Wald ihre Verehrung darbrachten. Ein verwirrendes, aber schönes Gefühl, ein Hineingezogenwerden, ohne dass man selber etwas dazu beiträgt. Mir kamen hier die Worte des amerikanischen Naturdichters Henry David Thoreau in den Sinn, der einmal schrieb: »Ich glaube, meine Seele muss ein helles, unsichtbares Grün sein.«[120]

Wen wundert es da, dass Herr Moser und sein Sohn die Welt so sehen, wie sie sie noch nie gesehen haben, zudem Aaron auch noch lernt, »einen Baum zu umarmen oder mit Felsblöcken und Flüssen zu sprechen.«[121.]

Auch in diesem Reisebericht ist selbstverständlich der höchste Punkt des Gebirges, der Brocken, der Höhepunkt der Reise. Und, wie bei Rosenlöcher, Kuhligk und Wagner, eine große Enttäuschung: »Kein Zweifel: Nicht Sturm und Orkan sind die Plage dieses Berges. Viel schlimmer sind die lautstarken Menschenmassen.«[122]

Doch im Laufe des Tages löst sich dieses Problem von allein, denn der Pöbel zieht von dannen und setzt seine Trinkgelage in den Gasthäusern und Hotelbars in den umliegenden Städten fort, und die zwei kommen doch noch dazu, die Stille auf dem Berg zu genießen. Dem Höhepunkt folgt zwangsläufig der Abstieg. Durch das Ilsetal:

Um uns herum: Treibhausluft und Modergeruch, Wolken von farbigen Faltern und ganze Heerscharen von Käfern, Fliegen und Ameisen. Grelle Lichtbahnen flossen stellenweise in hellen Bahnen zwischen dichtem Grün zu Boden.
War das wirklich der Harz?
Oder träumten wir?
Alles wirkte so unheimlich und gespenstisch – aber auch anziehend und erregend.[123]

Der Harz kann also wie eine bewusstseinserweiternde oder doch zumindest -verändernde Droge wirken:

Manchmal hatte ich hier sogar den Eindruck, als würde man aus der Geschichte fallen – und Begriffe wie ›gestern‹, ›heute‹ oder ›morgen‹ erschienen mir völlig unwichtig. Stattdessen fühlte ich mich der Gegenwart anheimgegeben, konnte vollkommen loslassen und unbeschwert vorwärtsgehen.[124]

Während andere moderne Harz-Berichterstatter Wert auf eine humoristische Annäherung legen, erweist sich Moser eher als eine Art Neoromantiker. Ironie scheint nur selten durch, umso mehr sieht er das Wandern durch den Harz als Therapie, in der er sich von der Zivilisation ab- und der Natur zuwendet.
Letztes Beispiel: »Goslar – Fotografiert von Uli Stein«. Der Knollennasencartoonist war bisher nicht für einen übertriebenen Hang zur Romantik bekannt. Und genau das – eine Neigung zur poetischen Wahrnehmung – zeichnet die Fotos in seinem Buch aus. Der unbedingte Wille zum Schönen und zum Schaurigen bricht sich hier Bahn. Und das meine ich positiv.
Dabei sind es nicht unbedingt die Orte, an denen er fotografiert hat, die dieses Buch so außergewöhnlich machen. Stein besucht zum Beispiel die Ulrichskapelle – so weit, so gut, so gewohnt –, macht jedoch nicht die üblichen Fotos, die möglichst realistisch und damit vermeintlich authentisch das Gebäude ab-

Gegenüber: Punk am Brunnen der
Wernigeroder Innenstadt

bilden. Vielmehr geht es ihm darum, die Atmosphäre, die Aura dieser Kirche einzufangen, weswegen er auch die Farbprojektion einer Glasmalerei festhält und sich nicht scheut, den staubigen Dachboden des Gotteshauses zu besuchen, um das einfallende Licht in seiner ganzen unwirklichen Pracht zu abzubilden.

Diese phantastischen Lichtspiele bilden eine wichtige Komponente in der kontrastreichen Komposition der Steinschen Fotografien. Ach was, Fotografien! Das sind keine *Fotos*, das sind gemäldeartige Kunstwerke, die durch ihren vorbildlichen Aufbau bestechen, durch ihre Symmetrie und durch ihre hemmungslose Liebe zum Detail.

Die Bilder wirken wie aus einer anderen Welt, einer vergangenen Epoche, einer düsteren Ära. Dunkle Farben dominieren, doch die Braun-, Grau- und Blautöne kommunizieren mit Gold-, Silber- und Rotschattierungen. Goslars stärkster Trumpf – das hohe Alter der Stadt – wird von Stein voll ausgespielt.

Die Motive sind so außergewöhnlich nicht. Die Kaiserpfalz und den Marktbrunnen hat er sich natürlich vorgenommen sowie diverse Gotteshäuser (Klosterkirche und Frankenberger Kirche) und Türme (Brieger Turm, Torturm, Dornröschen-

turm, Maltermeisterturm, Marktkirchturm, Rißlingsturm). Er findet stets das Besondere im Gewöhnlichen: Einen Kelleraufgang, ein Treppenhaus, ein Dachgebälk, eine Toreinfahrt – nichts ist Stein zu profan, um nicht durch eine Fotografie geadelt und – großes Wort – mystifiziert zu werden. Selbst eine kitschige Elchtrophäe strahlt fürstliche Würde aus. Auch der Rammelsberg mit seinen Pumpen und Mühlen und Stollen fügt sich ganz wunderbar ein in diese scheinbar mittelalterliche Welt. Man fühlt sich zeitweise an Werke von H.R. Giger erinnert oder an Sarumans unterirdische Werkstätten.

Goslar selbst wird auch gezeigt: wie es eingebettet ist in die bergige, wellige Landschaft des Harzes. Bedrohliche Wolken ziehen über die Stadt, die von erlösenden Sonnenstrahlen durchbrochen werden. Selbst ein Blümchen im Garten wirkt großartig, weil es in einem scharfen Kontrast zu dem alten Gemäuer steht, das verschwommen den Hintergrund bildet.

Humor, Ironie, Komik kennt Stein in diesem Buch übrigens nicht. Hier ist er ganz Ästhet und Romantiker, der er in seinen Cartoons nicht sein darf.

Künstlicher Harz

Der Harz übt seit mehreren hundert Jahren eine große Anziehungskraft auf viele Künstler aus, beflügelt er doch ihre Fantasie.

Wie kommt's?

Nun, ganz einfach: Schuld ist die Christianisierung. Denn durch sie kam das Böse in die Welt beziehungsweise die Vorstellung vom absoluten Bösen, das sich in Teufeln und ihren irdischen Helfern manifestiert, die vor allen Dingen in der Form von Hexen auftreten.

Und wenn man nett fragt, findet man Hexen auch und gerade im Harz, denn schon um 1540 machte eine zauberkundige Frau aus Elbingerode Angaben über die »rechten zauberschen«, die »in Walpurgen nacht auf den Brocken fahren«.[125] Ein gottgefälliges Verhör, dessen Verlauf durch einfallsreiche Foltermaßnahmen beschleunigt werden konnte, führte schnell zu befriedigenden Ergebnissen. Der Jurist und »Dämonenjäger« Johann Praetorius darf sich das Verdienst anrechnen, den Harz zum Zentrum der Teufelsanbetung stilisiert zu haben, wenngleich Goethe den Hexensabbat, wohl aus dramaturgischen Gründen, von Thale auf den Brocken verlegt hat. Heinrich Heine hat nur wenige Jahre später – der Hauptspaß der Hexenverbrennungen war schon lange vorbei – nicht viel mehr als Ironie für den Kult um die zauberkundigen, bewarzten Frauen übrig.

Trotzdem fand der realexistierende Glaube an Hexen über Goethe und andere Künstler seinen Weg bis in unsere heutige Welt. Auch bei Wilhelm Busch hat er Zwischenstation gemacht:

> In der ersten Nacht des Maien
> Läßt's den Hexen keine Ruh;
> Sich gesellig zu erfreuen,
> eilen sie dem Brocken zu.[126]

Heutigentags ist der Hexenkult nichts weiter als für Touristen und Einheimische inszenierte Folklore, die vor allem in der Walpurgisnacht zum 1. Mai zelebriert wird. Der Mittelpunkt der Feierlichkeiten findet sich auf dem Hexentanzplatz in Thale – auf dem Brocken selbst ist es nämlich verboten, Feuer zu machen. Die Wurzeln dieses Festes liegen angeblich bei den Germanen, die am Walpurgistag ein Frühlingsfest zu Ehren Wotans gefeiert haben sollen. Der Sage nach vermählten sich die Hexen in dieser Nacht mit dem Teufel, um ihre Zauberkräfte zu erlangen – man darf sich das ganze also als eine veritable Orgie vorstellen.

Die Katholiken – immer gut darin, Bestehendes aufzugreifen und für die eigene Sache zu nutzen – sprachen daher die Äbtissin Walburga an einem 1. Mai heilig und machten sie zur Schutzpatronin der Seefahrer. Was nun wiederum gar nichts mit dem Harz zu tun hat, aber egal.

Aber werfen wir doch noch mal einen genaueren Blick auf die Sagen des Harzes. Diesen zufolge wird der Harz außer von Hexen und Teufeln vornehmlich von Riesen, Zwergen, Kobol-

Oben: Zu den Produktionsstätten des Harz-Mythos

den, Werwölfen (und -katzen) und Killernixen sowie Geister- pferden, Geisterschafen, Geis- tereulen, Geisterbergleuten, Geistersteinen und Geister- geistern bevölkert.

Es gibt sogar Orte, die ihren Namen den Toten ver- danken. Zum Beispiel Dann- stedt bei Halberstadt, wo die »Leute so gottlos waren, wäh- rend der Predigt um die Kir- che zu tanzen«. Woraufhin sie verdammt waren, »ewig zu tanzen (...), so daß sie sich die Füße abgetanzt haben und zuletzt auf den Händen her- umgesprungen sind (...), bis sie endlich alle tot niedergefallen

Fabeltier auf Nahrungssuche

sind.«[127] Weswegen der Ort Tanzstedt genannt wurde, aus dem das heutige Dannstedt geworden ist. Party on!

Überhaupt ist die Gegend um Halberstadt dafür bekannt, dass hier die Toten das Sagen haben. Wehrstedt zum Beispiel heißt so, weil der Sage nach »bei einem gefahrvollen Überfall fremder Heiden (...) die Toten aus den Gräbern aufstanden, die- se Unholde tapfer abwehrten und so ihre Kinder retteten.«[128]

Oder nehmen wir die Teufelsmauer, die dadurch entstanden sein soll, dass Gott und Teufel zu Anbeginn der Zeiten die Erde unter sich aufteilen wollten. Sie hatten vereinbart, dass alles Land, welches der Teufel bis zum ersten Hahnenschrei mit einer Mauer umgeben könne, ihm gehören solle. Eine offensichtlich unter Schlafstörungen leidende Frau war jedoch in jener Nacht noch weit vor Morgengrauen aufgebrochen, um ihren Hahn auf dem Markt zu verkaufen. Als sie in der Dunkelheit stolperte, erschrak der Hahn und krähte laut – dadurch konnte der Teufel sein Werk nicht vollenden. Aus Wut riss der alte Choleriker die

Mauer bis auf wenige Reste wieder ein. Bei Blankenburg kann man sie noch heute bestaunen.

Mit dieser finsteren Geschichte wollen wir dieses Kapitel jedoch nicht beenden, vielmehr werfen wir noch einen Blick auf die Kyffhäusersage, in der Barbarossa und sein Enkel Friedrich II., der vom Papst als Gegenkaiser zu Otto IV. eingesetzt wurde, zu einer Figur verwoben worden, und in der es darum geht, dass Kaiser Barbarossa irgendwann aus seiner Höhle im Kyffhäusergebirge zurückkehren wird, um die Herrschaft wieder anzutreten. Dann wird alles besser: Die Züge fahren wieder pünktlich, die D-Mark kommt zurück, und Mallorca wird 17. Bundesland. Oder so. Lesen Sie's doch selber nach.

Böse: Nackte Hexen!

An Tieck

Nicht jeder Schriftsteller hat das Glück, den Harz nur bereisen zu dürfen. Manche müssen sogar hier leben. Oder sterben. Oder sind hier zumindest geboren worden.

Wie zum Beispiel GOTTFRIED AUGUST BÜRGER, der 1747 in Molmerswende bei Harzgerode das Licht der Welt erblickte und der Ihnen zumindest durch seinen Lügenbaron Münchhausen ein Begriff sein dürfte, wenngleich Sie mit großer Wahrscheinlichkeit nicht zu den wenigen Kennern seiner antifeudalen Balladen gehören werden.

Und wussten Sie, dass Friedrich von Hardenberg in Hettstedt bei Mansfeld geboren wurde? Im Jahr 1772 nämlich. Natürlich nicht, Sie wissen ja noch nicht einmal, wer Friedrich von Hardenberg war. Vielleicht kennen Sie ihn ja wenigstens unter seinem Pseudonym NOVALIS? Ja? Nein? Vielleicht? Und dass Novalis aus dem Harz stammt, konnten Sie kaum wissen, weil er seine Herkunft aus dieser Region literarisch weitestgehend verschwiegen hat. Es ist also nicht Ihre Schuld. Jedenfalls nicht nur.

Aber WILHELM BUSCH, von dem werden Sie schon gehört haben. Zumindest im vorletzten Kapitel. Auch der ist im Harz geboren – und hat die grausamen Sagen des Harzes mit der Muttermilch eingesaugt. Da wundert man sich nicht, warum das Kinderbuch »Max und Moritz« nicht gerade lebensbejahend ist. Die Mühle in Ebergötzen im Südharz soll das Vorbild für die Mühle gewesen sein, in der die beiden Lausbuben zu Gänsefutter verarbeitet werden. Sie können die Mühle noch heute mit Ihren Kindern besuchen, denn sie dient als Museum für den über die Maßen wegweisenden Zeichner und ansonsten ganz passablen Dichter. Aber passen Sie auf Ihre Kinder auf!

Wichtiger Mann!

Gehen wir einen kleinen Schritt zurück und erinnern noch einmal an JOHANN WILHELM LUDWIG GLEIM, der 1719 in Ermsleben geboren wurde und 1803 in Halberstadt gestorben ist, weshalb es dort ein Gleimhaus gibt. Gleim war nicht nur ein großer Dichter, sondern ein noch größerer Gastgeber. Zu den Besuchern seines »Freundschaftstempels« gehörten unter anderem Klopstock, Herder, Lessing, Wieland und Bürger, von denen er viele aufhängen ließ – zumindest Porträts von ihnen, wodurch er die größte Dichter-Portrait-Galerie seiner Zeit sein eigen nennen durfte.

Am meisten jedoch mag ich FRIEDRICH GOTTLIEB KLOPSTOCK, der 1724 in Quedlinburg geboren wurde. Hauptsächlich aufgrund seines robusten Namens, der ganz im Gegensatz zu dem poetischen Geschäft steht, dem er nachging. Als sein

Hauptwerk gilt das Großpoem »Der Messias«, das sich aus 22.000 Versen in Hexametern zusammensetzt. Dabei handelt es sich um ein protestantisches Epos, das Grabbe in seiner Komödie »Scherz, Satire, Ironie und tiefere Bedeutung« vom Teufel als Schlafmittel preisen ließ. Überhaupt gilt es als eines der wichtigsten ungelesenen Werke der deutschen Literaturgeschichte. Das wusste schon Gotthold Ephraim Lessing:

> Wer wird nicht einen Klopstock loben?
> Doch wird ihn jeder lesen? – Nein.[129]

Auch Heinrich Heine hatte keine allzu große Meinung von Kloppo:

> Dort auf der Kommode steht noch jetzt
> Die Büste von meinem Klopstock,
> Jedoch seit Jahren dient sie mir
> Nur noch als Haubenkopfstock.[130]

Vielleicht irrten sich die beiden ja? Möglicherweise haben wir Nachgeborenen einen nachsichtigeren Blick auf Klopstock. Rufen wir Herrn Thomas Rosenlöcher in den Zeugenstand:

> Der Dichter Klopstock jedenfalls hatte endlich gesagt, was nach Jahrtausenden einmal gesagt werden mußte: daß Mutter Natur schön sei in ihrer Erfindung Pracht, wobei ihre schönste Erfindung der Dichter Klopstock war. Kein anderer als er hatte den *Messias* geschrieben, ein gänzlich unlesbares, aber bedeutendes Werk. Nur das, was keiner liest, loben alle, weil keiner zugeben darf, daß das, was alle loben, keiner gelesen hat. Wo aber keiner liest, kann der, der auch nicht liest, nur das Unlesbare noch gründlich gelesen haben.[131]

Nun wollen wir nicht weiter Salz in die schwärenden Wunden des Klopstockschen Leichnams streuen und wenden uns einem

anderen zu, nämlich LUDWIG TIECK, der 1773 in Berlin geboren wurde – und damit natürlich eigentlich gar nicht in diese Reihe gehört. Nichtsdestotrotz war Tieck ein so hemmungsloser Romantiker, dass ich Ihnen nicht vorenthalten möchte, wie der beschauliche Harz auf eine Großstadtpflanze wirkte. In einem Brief, den er 1853 an seine liebe Ida Tieck geschrieben hat und den ich hier auszugsweise zitieren möchte, wird dies mehr als deutlich:

Aber wo Worte hernehmen, um das nur matt zu schildern, das Wunder, die Erscheinung, welches mir begegnete und meine Seele, meinen innern Menschen, alle meine Kräfte verwandelte und einem unsichtbaren, einem göttlich großen Unnennbaren entgegen riß und führte. Ein unnennbares Entzücken ergriff mein ganzes Wesen; ich zitterte und ein Thränenstrom, so innig durchdringlich, wie ich ihn nie vergossen hatte, floß aus meinen Augen. Ich mußte stille stehen, um diese Vision ganz zu erleben, und so wie mein Herz in der höchsten Freude zitterte, so war mir, völlig überzeugend, als wenn ein zweites, seliges, liebendes Herz an meinen Busen klopfte. Wie

Oben: Wichtiger Mann mit wichtigem Kind!
Gegenüber: Wichtiger Außerirdischer!

schon gesagt, dies war der höchste Moment meines ganzen Lebens; ich konnte mich in Freude überseliger Lust der tiefsten Thränen in der Entzückung nicht erwehren. (...) Achtzig Jahre bin ich nun alt, und der Rückblick auf diese Momente ist mir der wundervollste, rätselhafteste meines langen Lebens geblieben. Diese unbeschreibliche persönliche Liebe, diese fühlbare, überzeugende ist mir niemals wieder begegnet, und doch halte ich mich für hoch beglückt, daß ich diesen Zustand erleben konnte. Noch mehrere Stunden währte das entzückte Ergießen meiner Thränen; ich konnte mich in den gewöhnlichen Zustand des Lebens lange nicht wieder hinein finden. Der Wirth im Dorf begriff meinen Zustand nicht, hielt mich wohl für einen unglücklichen, verarmten Menschen, und wollte für seinen Kaffee kein Geld nehmen, bis mein Zureden ihn dazu zwang.«[132]

Und auch wir sollten jetzt einen Kaffee trinken, um uns von diesem naturinduzierten Drogenrausch zu erholen.

Wie schmeckt der Brocken?

Und die Schmorwurst? Was ist mit der Schmorwurst? Wir sind nun schon fast am Ende des Buches angekommen – und die Schmorwurst haben wir immer noch nicht genießen dürfen.

Gemach, gemach! Nachdem wir soviel in Wäldern gewandert, in Bergwerke gestiegen, auf Gipfel geklettert sind und uns in Höhlen verlaufen haben, wollen wir es uns nun gemütlich machen und mit einem traditionellen Harzer Essen stärken.

Und was isst der Harzer so?

Ganz einfach: Grundsätzlich nur das, was mal ein Gesicht hatte, also Fleisch. Dieses kann in Form eines Wildschwein- oder ein Hasenbratens auf den Tisch kommen, aber auch ein Rehrücken oder eine Hirschkeule sind okay. Neben Wild stürzt sich der Harzer als solcher auch gerne auf eingesperrte Tiere (Rotes Höhenvieh) oder fängt sich einen leckeren Fisch, zum Beispiel Forelle. Beliebt sind auch die Schlachteplatten, auf denen alles zu finden ist, was der Harzer Bergmann und sein Weib für essbar halten, also vor allen Dingen Rot-, Leber- und Mettwurst. Des Weiteren zählen Grün- und Braunkohl mit Brägen- oder geräucherter, fettspritzender Schmorwurst (da ist sie ja endlich!) zu den kulinarischen Gebirgshighlights, die durch Schnitzel, Gulasch und Schweinemedaillons ergänzt werden.

Was gibt es noch? Genau: Hackus und Knieste, also Mettklöße, die mit Backkartoffeln kredenzt werden. Genauso *interessant*[133] schmeckt Rinderbrust mit Porree – ein Gericht, das euphemistisch Harzer Wurzelfleisch genannt wird. Ergänzt wird es durch einen leckeren Harzer Kartoffelsalat, den man jedoch nicht mit Eiern und Mayonnaise zu verfeinern versuchen sollte (von alles verderbenden Jagdwurstscheiben mal ganz abgesehen), da er in seiner reinen Form – Kartoffeln mit Rapunzelsalat, angemacht mit Öl und Essig – viel besser mundet und auch deutlich bekömmlicher ist.

Gemüse isst der Harzer nur, wenn es schön zerkocht oder mit Fleisch angereichert ist. Grüner Salat dient grundsätzlich

Ich will aber *noch* einen Windbeutel!

nur der Dekoration, traditionsbewusste Harzer essen keine Vitamine und schieben sie beiseite oder lassen sie – wortwörtlich – unter den Tisch fallen. Oder sie schmeißen alles, was irgendwie Pflanze ist, zusammen (namentlich Rüben, Kohl, Kartoffeln und Äpfel) und machen daraus einen mit saurer Sahne angereicherten Gemüseeintopf, den manche Köche Runks Munk nennen. Und der auch so schmeckt.

Doch ist die moderne Harzer Küche auch für internationale Einflüsse offen, was konkret bedeutet, dass auch Thüringer Klöße aus Nordhausen als Nahrungsmittel akzeptiert werden.

Bärlauch ersetzt in der Harzer Küche übrigens des öfteren den Knoblauch – und hat das auch schon getan, bevor erstgenannter durch die neue deutsche Küche in den Adelsstand erhoben wurde (übrigens fast zeitgleich mit der bitteren Rauke, die sich, nun als Rucola mediterran getarnt, wieder ihren Platz auf dem Teller zurückerobert hat).

Berühmt ist der Harzer Käse, der (und hier zitiere ich den »ADAC Wanderführer«, um meine Hände in Unschuld zu waschen) »nichts für feine Nasen (ist), sondern ... zur deftigen Brotzeit gereicht werden« sollte. Übrigens wird dieser Käse nicht mehr im Harz hergestellt, sondern in Sachsen. Sie können die mehr oder weniger verkümmelte[134] Sauermilchrolle also auch einfach weglassen. Oder Sie machen – frei nach dem Motto »Wenn rustikal ein Käse stinkt, immer dies Rezept gelingt« – eine leckere Suppe daraus, die Sie dann ehrlicherweise »Harzer Stinker«[135] nennen.

Angesichts dieser Speisen verwundert es nicht, dass Verdauungsschnäpse zu den Grundnahrungsmitteln gehören. Der schon erwähnte Schierker Feuerstein ist sicherlich der bekannteste von ihnen. Die Konkurrenten tragen so verharmlosende Namen wie Harzer Grubenlicht, Ritter Bodo, Brocken- oder Schmiedefeuer, Harzgeist oder Förstertrunk und sind natürlich allesamt aus »echten Harzkräutern« gemacht, auch wenn im Harz weder Zimtbaum noch Wermutkraut wachsen. Hauptsache, es knallt und der Magen wird gereinigt. Wer es ganz hart mag, darf natürlich auch gleich zum Nordhäuser Doppelkorn greifen. Oder sich den Harzer Whisky »Glen Els« genehmigen.

Wer sich hingegen beim Betrinken ein wenig Zeit lassen möchte, kann zum gepflegten Bier greifen. Kenner lassen das Hasseröder Pilsener, auch wenn es ein absolut akzeptables Gebrauchsbier ist, oder das Einbecker Bier, selbst dann, wenn es ein Bockbier ist, links liegen und greifen auf die selteneren Kaltschalen zurück, zum Beispiel auf ein Altenauer Alt, eine Flasche Harzer Urstoff (ebenfalls aus dem Hause Altenauer, mit traditionell anmutendem braunen Etikett), ein Harzer Hüttenbier (ein weiteres Altenauer Bier, diesmal in einer gedrungenen Flasche mit pflanzenabbildendem Etikett und coolem Ploppverschluss), ein Bockbier aus der Wippraer Museumsbrauerei (welches – laut Eigenwerbung – ohne schädigende Einflüsse von Handystrahlen hergestellt wird), ein (natur)trübes Wöltibräu (ein unnötig hip tuender Name übrigens) oder ein Pubarschknall aus Quedlinburg. Clausthaler ist natürlich Quatsch, weil ja gar kein Alkohol drin ist (warum soll man es denn dann trinken?) – und weil es noch nicht mal aus dem Harz kommt, sondern in Hessen zusammengebraut wird.

Mittlerweile ist es Nachmittag, wir sind schon reichlich angeschickert und haben schon wieder Hunger bekommen, weshalb wir gierig zu den Windbeuteln greifen, die es nicht nur in süß, sondern auch in herz- beziehungsweise harzhaft gibt. Oder wir verlustieren uns an einem Baumkuchen aus Wernigerode oder einem Käseküchen aus Quedlinburg. Oder wir wagen uns todesmutig an eine Heidelbeersuppe mit Grießklößchen.

Oder aber wir legen uns erst einmal zu einem kleinen Verdauungsschläfchen hin, um die Tage im Harz träumend Revue passieren zu lassen.

Und genau das werde ich jetzt auch tun.

Aufwendige Recherche

Alle Wanderwege führen in den Harz

Haben Sie ausgeschlafen? Gut.

Wenn Sie sich ein wenig im Harz auskennen, werden Sie bemerkt haben, dass dieses Buch Lücken aufweist. Ich habe zum Beispiel bisher noch nichts über die anarchistische Kommune Lutter verlauten lassen, die sich auf der Domäne in Lutter am Barenberge angesiedelt hat. Ein hierarchiefreies Wohnprojekt in einem ehemaligen Herrenhaus – ein schöner Treppenwitz. Auch vom Café Winuwuk mit dem angeschlossenen Ausstellungsgebäude Sonnenhof in Bad Harzburg habe ich noch nicht vorgeschwärmt. Dabei handelt es sich um eines der schönsten Cafés Deutschlands, mit einer grandiosen expressionistischen Architektur. Und was ist mit der Sommerrodelbahn in Sankt Andreasberg, mit der der Ort versucht, auch in der warmen Jahreszeit Urlauber anzulocken? Oder die tiefenentspannende Therme in Seesen? Sollte ich die nicht auch würdigen? Oder die 23 Käsekuchensorten, die in Quedlinburg kredenzt werden? Oder die Waldbühne in Northeim, die ein nationalsozialistischer Thingplatz war und auf der ich mal ein Punkkonzert gesehen habe, bei dem unter anderem der linke Liedermacher Yok Quetschenpaua aufgetreten ist? Und was ist mit den Menhiren, die angeblich durch Energiebahnen miteinander verbunden sind? Und die Fluchttunnel, die es zu DDR-Zeiten gegeben hat? Und die bekömmlichen Quellwasser? Der Radarfallenmarathon auf den Bundesstraßen?

Verschwiegen habe ich auch die Pogrome, die Anfang der 90er-Jahre in Quedlinburg stattfanden. Und wie hieß denn eigentlich der Ort, durch den wir vor ein paar Jahren gefahren sind? Just als der ortskundige Fahrer sagte: »Hier gibt es besonders viele Nazis«, brauste, wie zur Bestätigung, ein Auto um die Ecke mit einem Kennzeichen, das die Kombination HH 88 enthielt – beides Codes, die im Neonazijargon für »Heil Hitler« stehen. Da musste ich dann doch lachen – dem traurigen Anlass zum Trotz.

Oder Halberstadt: Nach der Wende drohte die Altstadt in sich zusammenzufallen. Heute ist es eine bezaubernde Stadt. Ein Lichtblick war damals schon die Zora, ein selbstverwaltetes Kulturzentrum, in dem beides gespielt wird: Punk und Hardcore. Manchmal aber auch Ska.

Oder das Kulturzentrum in der Reichenstraße in Quedlinburg mit der tollen Bar im Untergeschoss, wo ich mich nach einer Lesung mit *White Russians* ... nun ja ... abgeschossen habe. Oder die »Weibervolksversammlung«, die wir im selben Kul-

Traditioneller Hausschmuck im nördlichen Harzvorland

turzentrum genießen durften. Von Laien gespielt, aber mitnichten laienhaft. Das Stück endete mit einem gemeinsamen Essen aller Schauspieler und Zuschauer, das nicht nur künstlerisch, sondern auch kulinarisch besonders wertvoll war.

Man sieht: Der Harz hat neben Hexentanz und Hüttengaudi, Wanderwegen und Skipisten noch viel mehr zu bieten: schöne und dunkle Seiten.

Machen Sie sich also am besten noch heute auf den Weg und begeben sich auf Entdeckungsreise durch den Harz. Eines kann ich Ihnen versprechen: Es lohnt sich!

Quellen

ADAC (Hg.): ADAC Wanderführer Harz, München 2009

Christian Amling: Der Harz, Hamburg 2012

Hans Christian Andersen: Reise in den Harz, Husum 2006

Hans Christian Andersen: Schattenbilder von einer Reise in den Harz, die Sächsische Schweiz etc. etc. im Sommer 1831, Berlin 2002

Elmar Arnhold, Sándor Kotyrba: Burgen und Schlösser – Nordharz, Braunschweig 2012

Pierre Bayard: Wie man über Orte spricht, an denen man nicht gewesen ist, München 2013

Chris Bergmann: Harz, München 2009

Gisela Buddée: Merian live!: Harz, München 2007

Joseph von Eichendorff: Harzwanderung, Husum 2010

Reiner Cornelius: Der Harz – Vom Todesstreifen zur Lebenslinie, Niederaula 2007

Korana Deppmeyer, Yvonne Schmühl: Roms vergessener Feldzug – Die Schlacht am Harzhorn, Braunschweig 2013

Sigurd Elert, Birgid Czyppull: Der Harz – Natur. Geschichte, Holzminden 2007

Sabine Gorsemann, Christian Kaiser: Harz, Ostfildern 2010

Hans-Günther Griep: Der Landkreis Goslar – seine Städte und Dörfer, Cremlingen 1988

Heinrich Heine: Die Harzreise, Husum 1980

Rolf Hochhuth (Hg.) Wilhelm Busch: Was beliebt ist auch erlaubt, Gütersloh o.J.

Jürgen Hodemacher: Lasst uns auf den Brocken zieh'n ..., Braunschweig 2011

Klaus Hoffmeister: Mit Wilhelm Raabe im Harz, Norderstedt 2007

Hubrich-Messow, Gundula: Sagen und Märchen aus dem Harz, Husum 1991

Klaus Hurlebusch: Friedrich Gottlieb Klopstock, Hamburg 2003

Karl Johaentges, Heinrich Thies: Der Harz, Rostock 2011

Friedrich Knolle, Wilhelm Marbach: Bergwerke & Höhlen im Harz, Goslar 1998

Axel Klingenberg und Andreas Reiffer (Hg):The Punchliner Nr. 8, Meine 2011

Walter Krämer, Eva Krämer: Lexikon der Städtebeschimpfungen, Frankfurt 2002

Dr. Angelika Kroker, Martin Stöber, Dr. Ingeborg Titz-Matuszak, Goslar. Ein Führer durch die alte Stadt der Kaiser, Bürger und Bergleute, Wernigerode 1993

Björn Kuhligk, Jan Wagner: Der Wald im Zimmer. Eine Harzreise, Berlin 2007

Bernd Langer: Operation 1653. Stay rude – stay rebel, Berlin 2004

Helmut Liersch und Jürgen A. Dittrich: HarzKirchenReise, Goslar 2010

Armin Maywald: Der Harz – Natur, Kultur und Mythen, Steinfurt 2008

Achill Moser: Nimm nur mit, was du tragen kannst, Hamburg 2008

Hans-Joachim Polleichtner (Hg.): Dichter am Harz, Hannover 2012

Markus Rhode, Christiane Krawietz (Hg.): Der Harz und sein Umland, Nordhausen o.J.

Jürgen Ricke und Dieter Sajak (Hg.): Niedersachsen entdecken, Band 2: Harz und Harzvorland, Stadthagen 1990

Thomas Rosenlöcher: Die Wiederentdeckung des Gehens beim Wandern. Harzreise, Frankfurt am Main 1991

Peter Schanz: Mitten durchs Land – Eine deutsche Pilgerreise, Berlin 2009

Uli Stein: Goslar – Fotografiert von Uli Stein, Oldenburg 2012

Kirsten Wagner: Harz. Kultur & Genuss, Frankfurt am Main 2009

David E. Wellbery/Klaus Weimar: Johann Wolfgang von Goethe: Harzreise im Winter. Eine Deutungskontroverse, Paderborn, München, Wien, Zürich 1984

Goethe im Harz, Sonderausgabe Nr. 15, Wernigerode 2013/14

Harz, Ostfildern 2013

Die Könige der Nutzholzgewinnung, Deutschland 2006, Regie: Matthias Keilich, DVD

Endnoten

1 nach Hodemacher, S. 7

2 Griep, S. 181

3 Moser, S. 71

4 nach: Goethe im Harz, S. 5

5 nach: a.a.O., S. 5

6 nach: a.a.O., S. 8

7 ADAC-Wanderführer, S. 8

8 Dumont, S. 71

9 nach Hodemacher, S. 13f

10 nach Maywald, S. 76

11 Gemeint ist König Jérome von Westfalen.

12 nach Amling, S. 62

13 Eichendorff, S. 3

14 Andersen: Reise in den Harz, S. 41

15 a.a.O., S. 48

16 Eichendorff, S. 55f

17 Heine, S. 41

18 nach Maywald, S. 76

19 Eichendorff, S. 50

20 nach Hodemacher, S. 16

21 nach Hodemacher, S. 47f

22 nach Hoffmeister, S. 28f

23 Heine, S. 52

24 a.a.O., S. 57

25 Goethe im Harz, S. 11

26 Heine, S. 57

27 Maywald, S. 45

28 Kuhligk in: Kuhligk/Wagner, S. 32

29 nach Hodemacher, S. 15

30 a.a.O., S. 16

31 Terek, aus: Berg hau ab, ich bin kein Prophet, in: The Punchliner Nr. 8, S. 88ff

32 Meiner digitalen Rechtschreibhilfe ist das Wort »Entschleunigung« hingegen vollkommen unbekannt – was sicherlich einiges aussagt über die Programmierer derselben.

33 Moser, S. 59

34 a.a.O. S. 188

35 Dumont, S. 66

36 Bettina Wegener

37 Rode, S. 145

38 Heine, S. 16f

39 Andersen: Reise in den Harz, S. 16
40 Kuhligk in: Kuhligk/Wagner, S. 30
41 Moser, S. 173
42 Andersen, S. 57
43 http://www.youtube.com/watch?v=BbOedZN3Sb4
44 Die Rechtschreibhilfe offenbart bei diesem Begriff eine Neigung zu
dadaistischen Wortspielen und schlägt vor, Win-Win-Situation durch
»Wie-Win-Situation, »Wim-Win-Situation, Wein-Win-Situation, Wind-
Win-Situation, Wink-Win-Situation, Min-Win-Situation, Hin-Win-
Situation, Bin-Win-Situation, Gin-Win-Situation, Pin-Win-Situation, Yin-
Win-Situation oder Wie-Win-Situation« zu ersetzen. Der letzte Vorschlag
scheint jedoch der ernstgemeinteste zu sein: »Interviewsituation«. Die ich
allerdings auch nicht gemeint habe.
45 Amling, S. 30f
46 Unverständlicherweise, wie die Katholische Kirche findet.
47 Heine, S. 5f
48 a.a.O., S. 6
49 ebd.
50 Köhler in: Roth/Wieland, S. 92
51 a.a.O., S. 94f
52 a.a.O., S. 95
53 Langer, S. 30
54 Nach: Rhode, S. 102
55 Griep, S. 110
56 Reichsunmittelbarkeit bedeutet, dass die Stadt direkt dem Kaiser untertan ist – und nicht irgendein unnützer Landesfürst dazwischen geschaltet
ist.
57 Heine, S. 21
58 Andersen, S. 8
59 Wordsworth, nach: Krämer, S. 107
60 Horsting, nach: a.a.O., S. 107
61 Trommsdorf in: a.a.O., 107
62 von Arnim, nach: Ricke, S. 9
63 Schlegel, nach: Krämer, S. 108
64 Kuhligk, in Kuhligk/Wagner, S. 90f
65 nach: Behrens, nach: Krämer, S. 108
66 nach: Kuhligk/Wagner, S. 67
67 Kuhligk, a.a.O., S. 77
68 Heine, S. 14f
69 Kuhligk in: Kuhligk/Wagner, S. 77f
70 Liersch, S. 52
71 Liersch, S. 104
72 Heine, S. 12
73 Ricke, S. 81
74 Löns, nach: Ricke, S. 11

75 Raabe in: Polleichtner, S. 217ff
76 Kuhligk in: Kuhligk/Wagner, S. 128
77 a.a.O., S. 163
78 Moser, S. 161
79 Krüger, nach: Krämer, S. 111
80 Andersen, S. 59
81 Rhode, S. 32f
82 Maywald, S. 36
83 Andersen, S. 90
84 Eichendorff, S. 13f
85 Rhode, S. 243
86 Liersch, S. 96
87 http://www.baederkalender.de/Klinik/938/Klinikgesellschaft-Heil-bad-Heiligenstadt-mbH/
88 nach: Hoffmeister, S. 11
89 Die »Reichen« wurden im Erstdruck des Gedichts übrigens vom Drucker eigenmächtig durch die »Reiher« ersetzt, weil dies dem guten Manne wohl plausibler erschien.
90 http://www.textlog.de/18472.html
91 http://de.wikipedia.org/wiki/Die_erste_Walpurgisnacht
92 Goethe im Harz, S. 7
93 a.a.O., S. 16
94 http://de.wikipedia.org/wiki/Faust._Eine_Trag%C3%B6die.#Goethes_.C3.84u.C3.9Ferungen_.C3.BCber_seinen_Faust
95 amerikanischer Schriftsteller und Satiriker (1783 – 1859)
96 nach: Moser, S. 28f
97 Heine, S. 5
98 Ich gehe davon aus, dass mit »schiffen« gemeint ist, dass die Wolken wie Wasserfahrzeuge am Firmament entlangzogen – und nicht, dass sie vom Himmel herunterpinkelten, also »schifften«, denn dann wäre der Himmel ja wohl nicht blau gewesen. Schön ist diese mögliche Doppeldeutigkeit nichtsdestotrotz!
99 nach: Moser, S. 71
100 nach: Heine, S. 37
101 Andersen, S. 54
102 nach: Polleichtner, S. 13
103 Fontane, nach: Dumont, 72
104 Fontane, in: Polleichtner, S. 267ff
105 Rosenlöcher, S. 62
106 a.a.O., S. 30
107 a.a.O., S. 76
108 a.a.O., S. 80
109 Kuhligk in: Kuhligk/Wagner, S. 29
110 Es muss natürlich »ist« heißen, weil sich das Verb ja auf die »Frak-

tion« bezieht, doch hat der Dichter hier wohl nicht nur die Fassung, sondern auch die Grammatik verloren.

111 Kuhligk in: Kuhligk/Wagner, S. 129
112 nach: a.a.O., S. 154
113 Niemann, Frank in: »Satanische Ferse – Mäandernde Wandergedichte« (unveröffentlichtes Manuskript)
114 Wagner in: Kuhligk/Wagner, S. 157f
115 Kuhligk in: a.a.O., S. 169
116 Moser, S. 10
117 a.a.O., S. 16
118 a.a.O., S. 53f
119 a.a.O., S. 27f
120 a.a.O., S. 85f
121 a.a.O., S. 87
122 a.a.O., S. 132
123 a.a.O., S. 151
124 a.a.O., S. 155
125 nach: Elert, S. 7
126 Busch, S. 564
127 Hubrich-Messow, S. 26f
128 a.a.O., S. 17
129 nach: Hurlebusch, S. 14
130 nach: a.a.O., S. 15
131 Rosenlöcher, S. 19
132 Tieck in: Polleichtner, S. 215f
133 Alfred Biolek
134 manche sagen auch: verkümmerte
135 http://www.chefkoch.de/rezepte/212611089016757/Harzer-Stinker-Kaesetartar.html

Bildnachweis

AXEL KLINGENBERG schreibt Bücher über Braunschweig und andere Städte. Als Mitglied der satirischen Leseensembles »Read em all« und »Golden Boys« bereist und erklärt er die Welt. Um Anschauungsmaterial zu sammeln, unternimmt er mit seiner Familie regelmäßig Forschungsexpeditionen durch Europa. Zuletzt erschienen: »Blau-Gelb-Sucht. Ein Eintracht Braunschweig-Fanbuch« und »111 Gründe, Eintracht Braunschweig zu lieben«.

Döner mit Braunkohl und Bier
Das Braunschweig-Buch

Wilhelm Raabe verspottete Braunschweig einst, indem er es in »Bumsdorf« umtaufte. Axel Klingenberg greift diesen Spott auf und lässt Urmenschen im Zeitraffer zu echten Braunschweigern heranreifen. Am Ende haben sie alles, was sie brauchen: die Eintracht, den Karneval und ein Schloss zum Shoppen.

»Ein böses Buch, ein despektierliches Buch? Auch das (...) Am Ende der Lektüre wird einem einiges klar. Klingenberg und sein Buch – er schrieb es aus Liebe.« *Braunschweiger Zeitung*

Axel Klingenberg:
Döner mit Braunkohl und Bier
120 S., ISBN 978-3-934896-73-4, 10,00 EUR

Eintracht und Zwietracht
Braunschweiger Geschichten

Braunschweiger Schriftsteller verraten die letzten Geheimnisse über die Metropole an der Oker. Mit Beiträgen von Till Burgwächter, Luc Degla, Hartmut El Kurdi, Gerald Fricke, Uli Hannemann, Axel Klingenberg, Holger Reichard, Wiebke Saathoff und Frank Schäfer.

»Als ich in der Latenzperiode war, hielt ich alle Mädchen für doof und Braunschweig für eine riesige Stadt.« *Holger Reichard*

Axel Klingenberg (Hg.):
Eintracht und Zwietracht
120 S., ISBN 978-3-934896-31-1, 9,90 EUR

reiffer
www.verlag-reiffer.de

Bohlweg-Zeiten
Die 80er in Braunschweig

»Es war eine großartige Zeit. Braunschweig war groß genug, einer Jugend alles zu bieten. Und klein genug, dass man alles, auch das ganze seltsame Zeug, wirklich mitnehmen konnte.« *Stefan Maiwald*

Bilder und Geschichten aus dem Braunschweig der 80er Jahre mit Beiträgen von Gerald Fricke, Attik Kargar, Ulli Meyer-Degering, Holger Reichard, Frank Schäfer, Peter Vaihinger, Karsten Weyershausen u.v.a.

Klingenberg, Lange und Schulz-Weber (Hg.): Bohlweg-Zeiten
164 S., Klappenbroschur, ISBN 978-3-934896-75-8, 16,90 EUR

Blau-Gelb-Sucht
Ein Eintracht Braunschweig-Fanbuch

In diesem Buch erzählen zahlreiche Eintracht Braunschweig-Fans von ihrem ersten Spiel, ihrem größten Sieg und ihrer schwersten Niederlage. Sie berichten davon, wie es ist, ein wirklicher Fan zu sein – gegen alle Vernunft und auch dann, wenn der Tabellenstand es ihnen nicht ganz so leicht macht.

»Intelligent, humorvoll und durch und durch blau-gelb« *subway*

Axel Klingenberg (Hg.): Blau-Gelb-Sucht
160 S., ISBN 978-3-934896-65-9, 9,90 EUR

reiffer   www.verlag-reiffer.de